Wie gute Bewerbung schreiben und auf Vorstellungsgespräch vorbereiten?

Mit dem perfekten Bewerbungsschreiben einfach zum Bewerbungsgespräch - für Ausbildung, Praktikum, Beruf und Initiativbewerbung

1. Auflage

Copyright © 2020 – Clara Maria Constantine

ISBN: 978-3-948751-02-9

Inhalt

Einleitung

Berufliches Vorankommen und das Strukturieren einer Karriere ist für die meisten von uns ein wichtiger Baustein auf dem Weg zu einem erfüllten Leben. Auf dem Stellenmarkt ist die Konkurrenz heute jedoch groß. Für jede begehrenswerte freie Stelle gibt es eine Vielzahl von Bewerbern, so dass du eine gute Strategie entwickeln musst, um sich als interessanter Kandidat zu präsentieren.

Der Prozess einer Bewerbung ist recht komplex, doch viele Bewerber sehen die notwendigen Schritte bei der Bewerbung lediglich als eine Formalität und verfehlen es, ihre Bewerbung zu optimieren. So werden Stolperfallen nicht erkannt und die Bewerbung erhält nicht die Aufmerksamkeit, die man sich erhofft. Doch ist es gerade diese Tatsache, die du nutzen kannst, um mit der eigenen Bewerbung einen Eindruck zu schaffen, mit der man sich von den Mitbewerbern absetzen kann. Die Bewerbung ist schließlich die erste Möglichkeit, um sich selbst zu präsentieren und sich in das beste Licht zu rücken. Wer es versteht, auf diese Weise einen guten ersten Eindruck zu erzielen, kann dem Traumjob ein gutes Stück näherkommen.

Die Bewerbung besteht in der Regel aus dem Bewerbungsanschreiben, einem Lebenslauf und einem Foto zur Bewerbung. Auf diese drei Elemente solltest du dich also konzentrieren und sie so perfekt wie möglich gestalten. Es sollen die eigenen Fähigkeiten aufgezeigt werden, gleichzeitig aber auch dokumentiert werden, warum man zu einem bestimmten Betrieb passt oder für einen speziellen Posten geeignet ist.

Individualität ist wichtig, wenn es um ein erfolgreiches Bewerbungsschreiben geht. Beim Zusammenfügen der Informationen sollte man sich ein wenig in den Personaler versetzen, der die Bewerbung erhalten und auswerten wird. Er wird möglicherweise hunderte von Bewerbungsschreiben erhalten, die mit der alt bewährten Floskel: "Hiermit bewerbe ich mich um den Posten..." beginnen. Kann man das

Schreiben auf eine kreativere Weise beginnen, so ist es leicht möglich, dass man die Aufmerksamkeit des Lesers gleich zu Beginn erregt und die Bewerbungsunterlagen mit mehr Interesse betrachtet werden.

Auch ein Foto, das den Bewerbungsunterlagen beigefügt wird, kann den gleichen Effekt haben. Deshalb lohnt es sich durchaus, eine professionelle Aufnahme machen zu lassen. Sei es nun ein klassisches Portrait Foto, oder ein Bild auf dem man in einem professionellen Rahmen zu sehen ist, die Qualität der Aufnahme ist stets wichtig. Ein übersichtlicher Lebenslauf rundet die Bewerbungsunterlagen ab.

Ist man schließlich auf Grund eines erfolgreichen Bewerbungsschreibens in die engere Wahl gezogen worden, so gilt es, sich auf ein Bewerbungsgespräch vorzubereiten. Auch dabei gilt es natürlich, eine ganze Reihe von Aspekten zu beachten. Dazu gehört beispielsweise die Auswahl der passenden Kleidung für das Gespräch. Ebenfalls sollte man sich einmal darüber informieren, welchen Standardfragen von Personalern gestellt werden und welches die geschicktesten Antworten sind. Bevor du mit der Bewerbung beginnst, gilt es also, eine entsprechende Planung vorzunehmen.

Bewerbungsunterlagen, deren überzeugende Präsentation und ein überzeugendes Bewerbungsgespräch gehören zu den Hürden, die auf dem Weg zu der neuen Stellung gemeistert werden müssen. Diesen Prozess musst du generell sowohl zur Ausbildung und dem Praktikum ebenso durchlaufen, wie zum Beruf. Daher lohnt es sich, das Thema einmal ausgiebig zu studieren und sich in einen Experten zu verwandeln.

Mit dem folgenden Ratgeber möchten wir es für alle Personen ein wenig einfacher machen, erfolgreiche Bewerbungen zu gestalten, um ihre Chancen bei der Jobsuche zu verbessern. Anleitungen, Erklärungen, Mustertexte, Tipps und Tricks machen es leichter, sowohl eine online Bewerbung als auch eine klassische Bewerbungsmappe zu erstellen und sich auf ein persönliches Gespräch vorzubereiten. So kannst du der nächsten Bewerbung mit mehr Selbstvertrauen entgegensehen und den ersehnten Aufstieg auf der Karriereleiter beginnen.

Kapitel I: Auswertung der Bewerbungen durch den Personaler

Ist heute eine gute Stelle frei, so gehen bei dem Unternehmen, das die Stelle ausschreibt, dafür zahlreiche Bewerbungen ein. Es ist heute meistens üblich, dass die Bewerbungen auf elektronische Weise übermittelt werden und bei den Unternehmen von der Personalabteilung in Empfang genommen. Dort muss der Personaler zunächst einmal eine Vorauswahl treffen, bei der nur die besten Bewerbungen in die engere Wahl kommen. Wer also wenig Mühe auf seine Bewerbung verwendet hat, scheidet in der Regel schon bei dieser ersten Auswertung aus, da nur gute Bewerbungen Beachtung finden.

Es gibt einige spezielle Punkte, auf die Personaler achten und die eine Bewerbung fast immer zum Scheitern bringen. Dazu gehören die folgenden Punkte:

1. Rechtschreibung: Unterlaufen beim Anschreiben oder beim Lebenslauf Rechtschreibfehler, so ist das für die meisten Personaler ein Grund, die Bewerbung zu disqualifizieren. Daher solltest du beide Dokumente gründlich auf Rechtschreib- und Grammatikfehler prüfen und korrigieren, bevor sie abgesendet werden.

2. Firma und Ansprechpartner: Der Name des Unternehmens bei dem man sich bewirbt, sowie der Name des Ansprechpartners müssen richtig geschrieben sein. Unterläuft dabei ein Fehler, so ist das für viele Personaler ebenfalls ein Grund, um die Bewerbung abzulehnen.

3. Individuelle Anschreiben: Bei der Jobsuche werden stets zahlreiche Bewerbungen an verschiedene Unternehmen versendet. Daher benutzen viele Jobsuchende das gleiche Anschreiben und ändern dabei nur den Namen und die Anschrift.

Das ist für den Personaler jedoch sofort ersichtlich, da man nicht die Möglichkeit hat, speziell auf ein bestimmtes Unternehmen einzugehen und ist oft ebenfalls ein Punkt gegen die Bewerbung. Statt dem praktischen Copy und Paste sollte der Bewerber sich daher die Mühe machen, jedes Anschreiben individuell zu verfassen und dabei speziell auf jedes Unternehmen und die ausgeschriebene Position eingehen.

4. Anrede im Anschreiben: Für das Anschreiben empfiehlt es sich, in jedem Falle den Namen der Ansprechperson zu ermitteln. Das Schreiben sollte nicht mit "Sehr geehrte Damen und Herren" beginnen. Das ist ein Hinweis darauf, dass der Bewerber sich nicht die Mühe gemacht hat, den Namen der Ansprechperson in Erfahrung zu bringen, was auf mangelnde Sorgfalt schließen lässt.

5. Lebenslauf: Ein lückenhafter Lebenslauf mit fehlenden Angaben hat ebenfalls eine negative Auswirkung auf die Bewertung einer Bewerbung. Darum ist es wichtig, den Lebenslauf so zu gestalten, dass er Kontinuität aufweist.

6. Qualität des Fotos: Ein schlechtes oder unprofessionelles Foto kann dazu führen, dass der Personaler eine Bewerbung ablehnt. Hat man kein angemessenes Foto zur Hand, so sollte man sich dazu entscheiden, ein neues Foto machen zu lassen, dass professionell und ansprechend wirkt.

7. Floskeln: Nach Möglichkeit sollte man beim Erstellen des Anschreibens auf Floskeln, wie "Hiermit bewerbe ich mich..." oder "Die Stelle... interessiert mich" vermeiden. Es ist ja offensichtlich, dass man sich für die Stelle interessiert und sich bewirbt. Somit sollte man den Personaler nicht schon in den ersten Zeilen langweilen und gegen sich einnehmen.

8. Originelle Inhalte im Anschreiben: Im Anschreiben solltest du die Daten aus dem Lebenslauf nicht wiederholen, sondern vielmehr einen einzigartigen Inhalt schaffen, der sich gut lesen lässt. So kannst du die Aufmerksamkeit des Personalers am besten fesseln.

9. Länge des Anschreibens: Die Zeit des Personalers ist begrenzt. Daher sollte man das Anschreiben auch auf eine DIN-A4 Seite begrenzen. Dazu ist es nötig, die Informationen in präziser Form darzulegen und auf Füllwörter und Floskeln zu verzichten.

10. Qualität des Papiers: Handelt es sich um Bewerbungsunterlagen, die in einer Mappe postalisch verschickt oder persönlich überreicht werden, so spielen Haptik und Optik eine wesentliche Rolle. Auch Personaler achten auf den ersten Eindruck und eine hochwertige Bewerbungsmappe lässt auch auf einen hochwertigen Inhalt schließen. Deshalb solltest du weder am Papier noch an der Mappe sparen, die du für deine Bewerbung verwendest. Auch der Druck sollte gestochen scharf sein. Laserdruck eignet sich daher am besten. Es lohnt sich, für eine gedruckte Bewerbungsmappe ein wenig mehr auszugeben.

Kapitel II: Die wichtigsten Elemente für die Bewerbung

Nachdem wir nun gesehen haben, welche Fehler wir beim Gestalten der Bewerbung unbedingt vermeiden sollten, gilt es nun, uns darauf zu konzentrieren, welche Informationen unbedingt enthalten sein müssen. Generell sind es stets die gleichen Dokumente, die in einer Bewerbung enthalten sein sollten. Dazu gehören zunächst einmal das Anschreiben und der Lebenslauf. Hat ein Bewerber bereits Berufserfahrung, so sollten Zeugnisse der letzten beiden Arbeitsstellen beigelegt werden. In Bezug auf die Bildung legt man in der Regel das letzte Zeugnis bei, das dem zuletzt erreichten Bildungsstand entspricht. Ist die Personalabteilung an weiteren Zeugnissen interessiert, so können diese späterhin auf Abfrage nachgereicht werden.

Was ist eine online Bewerbung?

Bewerbungen werden heute in vielen Fällen online eingestellt. Das ist nicht mit einer Bewerbung zu verwechseln, die als E-Mail übermittelt wird. Bei der online Bewerbung steht ein online Formular zur Verfügung, das von dem Bewerber ausgefüllt und elektronisch übermittelt wird. Die weiteren Dokumente wie Anschreiben, Lebenslauf und Zeugnisse werden als Anhang mitgesendet. Die online Bewerbung erweist sich für den Bewerber und auch für das Unternehmen als praktisch. Wichtige Fragen können übersichtlich beantwortet werden und als Bewerber ist man auch sicher, dass die Bewerbung gleich bei dem richtigen Empfänger landet. Ist daher die Möglichkeit zu einer online Bewerbung für eine Stelle gegeben, so sollte man von dieser unbedingt Gebrauch machen.

Es ist überaus wichtig, sich mit der online Bewerbung genauso viel Mühe zu geben, wie mit einer Bewerbungsmappe, die man persönlich überreichen würde. Dazu solltest du dir zunächst einmal das online

Formular durchlesen und auch herausfinden, welche weiteren Informationen als Anlage mit gesendet werden können.

Dann solltest du daran gehen, die Anlagen zusammenzustellen. Ein Anschreiben, das zu dem Stellenangebot passt, muss verfasst werden und dann muss ein aktueller Lebenslauf erstellt werden. Diese beiden Dokumente sollten in elektronischer Form zur Verfügung stehen.

Sind Zeugnisse erwünscht, so müssen diese eingescannt oder fotografiert werden, damit sie hochgeladen werden können.

Stehen nun alle nötigen Unterlagen in elektronischer Form zur Verfügung, wird schließlich das Online Formular ausgefüllt. Dazu solltest du dir Zeit lassen und das ganze Formular zunächst einmal durchlesen, bevor du mit dem Ausfüllen beginnst.

Dann kann man die Informationen in die entsprechenden Spalten eintragen. Jede Angabe sollte noch einmal sorgfältig überprüft werden, um Fehler zu vermeiden.

In dem Formular befindet sich meistens auch ein Feld, um die Kontaktadresse einzutragen. Dort wird die eigene E-Mail vermerkt. Auch hier gilt es, besondere Sorgfalt walten zu lassen, damit eine Antwort auch erhalten werden kann.

Sind alle Felder ausgefüllt und die Anhänge hochgeladen, so kann man das Formular abschicken.

Natürlich sollte man in den folgenden Tagen regelmäßig die eingehende E-Mail überprüfen, um eine Antwort und eventuelle Einladung zum Bewerbungsgespräch nicht zu verpassen.

Es empfiehlt sich, auch den Spam Filter zu überprüfen, falls die eingehende Mail aus Versehen dort landen sollte.

Anschreiben bei der Online Bewerbung

Das Anschreiben kann bei der Online Bewerbung auf unterschiedliche Weise gestaltet sein. Bei manchen Bewerbungsformularen steht ein Feld für freien Text zur Verfügung. Ist das der Fall, so kann das Anschreiben dort eingetragen werden. Es empfiehlt sich jedoch, das Schreiben zunächst in Word oder einem anderen Textprogramm zu erstellen, so dass mögliche Fehler leicht korrigiert werden können. Meistens ist der Platz jedoch begrenzt, so dass man darauf achten muss ein komplettes Schreiben zu platzieren, dass durch Zeilenumbrüche überschaubar gestaltet ist. Kann man das ordentlich getippte und ansprechend formatierte Anschreiben jedoch als Anlage hochladen, so ist dieser Weg stets vorzuziehen.

Angaben bei der Online Bewerbung

Viele Unternehmen gestalten ihr online Bewerbungsformular auch mit einem Feld für zusätzliche Angaben in Bezug auf Berufserfahrung, Qualifikationen oder Bildung. Diese Information kann von dem Unternehmen auf zweifache Weise genutzt werden. Zum einen kann eingeschätzt werden, welche Qualifikationen der Bewerber in Bezug auf die ausgeschriebene Stelle mitbringt. Es ist aber auch möglich, dass der Personaler gleichzeitig überprüft, ob der Bewerber vielleicht auch für eine andere Position geeignet ist. Bei den zusätzlichen Angaben ist es empfehlenswert, solche Kompetenzen hervorzuheben, die sich direkt auf die gewünschte Stelle beziehen.

Anlagen zur online Bewerbung richtig gestalten

Können dem online Bewerbungsformular Anlagen beigefügt werden, so empfiehlt es sich, diese in PDF-Format zu speichern und auch in diesem Format hochzuladen. Es sollten höchstens drei Dokumente hochgeladen werden, so dass die Dateien für den Personaler übersichtlich bleiben. Ein Dokument enthält das Anschreiben, ein weiteres den Lebenslauf und ein drittes Dokument beinhaltet eine Zusammenstellung der Zeugnisse.

Die Titel der Dokumente sollten selbsterklärend gewählt werden. Eine gute Titelwahl für die Dokumente ist beispielsweise: Nachname, Anschreiben; Nachname, Lebenslauf und Nachname, Zeugnisse. So kann der Personaler ein Dokument schnell finden und öffnen. Ein derart organisierter Anhang macht stets einen positiven Eindruck.

Beim Zusammenstellen und Formatieren den Anlagen solltest du darauf achten, dass sie auch in Schwarz-Weiß ausgedruckter Form präsentabel aussehen. Oft lässt sich der Personalchef nämlich die Unterlagen ausdrucken. Benutzt man beim Formatieren also unterschiedliche Farben, so ist es möglich, dass diese gar nicht zur Geltung kommen. Daher sollte die Struktur der Dokumente so ausgelegt sein, dass sie auch ohne den Einsatz von unterschiedlichen Farben übersichtlich und leicht lesbar sind.

Für die eigenen Unterlagen solltest du dir die komplette Bewerbung ausdrucken und ablegen. Es kann nämlich nützlich sein, die Bewerbungsunterlagen zur Hand zu haben, wenn du dich auf ein Bewerbungsgespräch vorbereiten möchtest.

Übersendung der Bewerbung per E-Mail

Nicht jeder Arbeitgeber stellt ein Online Bewerbungsformular für Stellensuchende zur Verfügung. Doch gehen immer mehr Unternehmen dazu über, Bewerbungen nur in elektronischer Form zu akzeptieren und traditionelle, ausgedruckte Bewerbungsmappen abzulehnen. Somit besteht neben der Online Bewerbung auch die E-Mail-Bewerbung. Sie ähnelt im Grunde der klassischen, gedruckten Bewerbung, weist jedoch lediglich den Unterschied auf, dass sie via E-Mail übermittelt wird. Für den Bewerber bietet die E-Mail Übersendung jedoch etliche Vorteile. Man spart sich die Wege, um gedruckte Bewerbungsmappen selbst abzuliefern oder gegebenenfalls auch das Porto für eine postalische Übersendung. Außerdem brauchst du auch kein Papier zum Ausdrucken oder kostspielige Mappen, in denen die Dokumente eingeheftet werden. So kannst du zahlreiche Bewerbungen auf einfache Weise von zu Hause versenden. Dabei kann man entweder auf ein Jobangebot reagieren, oder die Bewerbung auch aus eigener Initiative an verschiedene Unternehmen schicken, in der Hoffnung, dass bei diesen eine freie Stelle erhältlich ist, oder in nächster Zeit besetzt werden muss.

Man sollte jedoch sicherstellen, dass die Bewerbung auch den richtigen Ansprechpartner erreicht und nicht im allgemeinen E-Mail System des Unternehmens verschwindet. Daher sollte man die E-Mail-Adresse des verantwortlichen Personalers in Erfahrung bringen, auch wenn das bedeutet, dass man das Unternehmen anrufen muss. Bei der E-Mail muss auch ein Betreff formuliert werden. Darin sollte nach Möglichkeit das Wort "Bewerbung" verwendet werden, ebenso wie die Stelle, für die man sich bewirbt.

Varianten des Anschreibens bei der E-Mail-Bewerbung

Bei einer E-Mail ist es möglich, das Anschreiben gleich in die E-Mail zu kopieren. So gibt es einen Anhang weniger und das Einsehen der Unterlagen gestaltet sich für den Personaler ein wenig einfacher. Genauso ist es aber auch möglich, einen kurzen Text in die E-Mail zu setzen und ein ausführliches Anschreiben als Anhang mitzusenden. Von vielen Personalern wird es begrüßt, wenn alle Anhänge in einer einzigen PDF Datei enthalten sind. So gestaltet sich für sie die Handhabung der Dokumente einfacher.

Beim Zusammenstellen der E-Mail solltest du darauf achten, ein Datenvolumen von etwa 5 MB nicht zu überschreiten. Zu große E-Mails können nämlich unter Umständen dem Firewall des Unternehmens nicht überwinden oder auch im Spam Ordner landen.

Es gibt ein Detail bei PDF Dateien, das beachtet werden sollte, die sogenannten Meta Daten. Diese geben verschiedene Auskünfte über die Datei, zu denen beispielsweise auch das Erstellungsdatum gehört. Ist die Datei bereits älteren Datums, so lässt das darauf schließen, dass die Unterlagen ursprünglich nicht für dieses Unternehmen erstellt wurden, sondern bereits bei einer anderen Bewerbung benutzt wurden. Damit hinterlässt man stets einen negativen Eindruck. Daher sollte man die Meta Daten der PDF Dateien editieren, bevor man sie abschickt.

Dateien sollten keinesfalls im Zip Format gesendet werden. Man läuft nämlich Gefahr, dass der Personaler solche Dateien nicht auspacken kann.

Vorbereitung einer klassischen, gedruckten Bewerbung

Auch heute gibt es noch einen Prozentsatz hauptsächlich kleinerer Unternehmen, die eine traditionelle Bewerbungsmappe bevorzugen, in der alle Dokumente in gedruckter Form enthalten sind. Dabei handelt es sich um die gleichen Dokumente, die man auch für eine Online oder E-Mail-Bewerbung braucht: Anschreiben, Lebenslauf und Zeugnisse. Eine solche Mappe wird entweder mit der Post versendet oder auch persönlich überbracht.

Es ist nötig, eine ansprechende Mappe zu kaufen, in der die Dokumente untergebracht werden. Außerdem sollte man auf hochwertiges Papier Wert legen. Die Wahl der Mappe ist durchaus wichtig. Erfahrungsgemäß ziehen Personaler eine Mappe aus Karton vor, da sie eine angenehmere Haptik hat, als ein Klemmhefter aus Kunststoff. Besonders beliebt sind die zweiteiligen Bewerbungsmappen aus Karton. Bei einer solchen Mappe ist der Inhalt nach dem Aufklappen leichter zugänglich. Es gibt verschiedene Varianten dieser Mappen, die sich alle als gleichermaßen praktisch erweisen. So kommt schon beim ersten Anblick der Mappe ein positiver Eindruck zustande.

Es ist auch wichtig, die Dokumente in der richtigen Reihenfolge in die Mappe zu legen. Das Anschreiben gehört nicht in die Mappe, sondern wird daraufgelegt. Am besten befestigst du es mit einer Büroklammer am vorderen Deckel der Mappe. Als erste Seite in der Mappe kann man ein Deckblatt verwenden. Dieses ist jedoch optional und muss nicht unbedingt eingesetzt werden. Es gewährt jedoch die Möglichkeit, die wichtigsten Daten zur Person noch einmal kurz anzuführen und man kann auch das Bewerbungsfoto daran anheften.

Auf das Deckblatt folgt der Lebenslauf, der vollständig und ohne Lücken gestaltet werden sollte. Er sollte ein vollständiges Bild über die Ausbildung und den bisherigen beruflichen Werdegang bieten.

Der Lebenslauf sollte mit Ort, Datum und Unterschrift enden. Nach dem Lebenslauf kann eine weitere Seite eingefügt werden. Dabei kann es sich um ein Kurzprofil oder auch um eine Projektliste handeln. Diese Seite ist genau wie das Deckblatt optional und muss nicht zwingend Teil der Bewerbungsmappe sein.

Danach folgen die Zeugnisse. Zuerst wird das Zeugnis des höchsten Bildungsabschlusses eingefügt. Darauf folgen Arbeitszeugnisse sowie Empfehlungsschreiben und Referenzen.

Zum Schluss kann man noch Belege von speziellen Weiterbildungskursen einfügen. Wird vom Unternehmen ein polizeiliches Führungszeugnis erwünscht, so bildet dieses den Abschluss der Mappe.

Bei der Wahl der Arbeitszeugnisse, die du der Mappe beifügst, solltest du dich von der Relevanz leiten lassen. Ein Minijob, den du kürzlich gehabt hast, kannst du unter Umständen auslassen. Einen wichtigen Job, der schon einige Jahre zurückliegt, solltest du hingegen durchaus einfügen.
Die Qualität der Mappe hängt auch von der Stelle ab, für die man sich bewirbt. Ist ein einfacher Klemmhefter aus Kunststoff für einen Auszubildenden oder einen Praktikanten durchaus akzeptabel, so sollte man sich bei der Bewerbung für einen Management Posten besser für eine hochwertige Mappe entscheiden.

Auch die Farbe der Mappe sollte mit Bedacht gewählt werden. Bei einer Bewerbung in einem konservativen Unternehmen, wie beispielsweise einer Bank, solltest du gedeckte Farben wie Schwarz, Grau oder Dunkelblau wählen. In der Kreativbranche hingegen ist es durchaus möglich, auch aussagekräftigere Farben zu wählen.

Was ist eine Initiativbewerbung?

Wenn du dich für ein oder mehrere Unternehmen interessierst und dich bei ihnen gerne um eine Stelle bewerben möchtest, so brauchst du nicht unbedingt darauf zu warten, bis das Unternehmen eine Stelle ausschreibt. Du kannst eine Initiativbewerbung starten, Im Folgenden kannst du alles Wesentliche über eine solche Bewerbung erfahren.

Den besten Weg zur Kontaktaufnahme finden

Dein bester Weg zum Erfolg besteht darin, mit dem Unternehmen direkt in Kontakt zu treten, Vielleicht kennst du einen Mitarbeiter oder hast einen Bekannten, der in der Lage ist, einen Kontakt mit dem Unternehmen herzustellen. Ist das nicht der Fall, so kannst du eventuell auf einer Messe, bei der das Unternehmen seine Produkte vorstellt, ein Gespräch mit einem Mitarbeiter führen, dass zu einem ersten Kontakt leiten kann. Hast du die Möglichkeit, mit einem künftigen Chef zu sprechen und kannst diesen von deinem Wert für das Unternehmen überzeugen, so hast du eine Ansprechperson für deine Bewerbung und kannst auf offene Türen hoffen.

Sind deine Versuche, einen direkten Kontakt zu erzielen, gescheitert, so kannst du eine Initiativbewerbung an die Personalabteilung schicken. Durch einen Anruf solltest du vorher herausfinden, wir die Ansprechperson ist, so dass du deine Bewerbung gleich an die richtige Stelle leiten kannst. Leider erhalten viele Firmen jeden Monat große Mengen von Initiativbewerbungen, so dass diesen oft nur wenig Beachtung geschenkt wird. Manchmal kommt es zu einer sofortigen Ablehnung, in anderen Fällen wird deine Bewerbung in einen sogenannten Bewerber-Pool aufgenommen. Doch auch die Aufnahme in diesen Pool ist keine Garantie dafür, dass deine Bewerbung auch Beachtung findet, wenn eine entsprechende Stelle ausgeschrieben wird. Du solltest also weiterhin auf Stellenangebote des Unternehmens achten und dich sofort bewerben, wenn eine von dir gesuchte Stelle frei wird, auch wenn du bereits eine Initiativbewerbung eingereicht hast.

Was ist wichtig bei der Initiativbewerbung?

Mit einer Initiativbewerbung musst du unbedingt Eindruck schaffen. Sie erreicht den Arbeitgeber zu einem Zeitpunkt, zu dem er für deine Fähigkeiten keine unmittelbare offene Stelle zur Verfügung hat. Deine Bewerbung muss also so gut sein, dass er entweder darüber nachdenkt, eine entsprechende Stelle für Dich zu schaffen, oder dich vormerkt, wenn eine Stelle frei wird. In ihrer Form unterscheidet sich die Initiativbewerbung kaum von einer normalen Bewerbung. Besonderes Augenmerk gilt allerdings dem Anschreiben. In ihm musst du deine Fähigkeiten und deinen möglichen Nutzen für das Unternehmen auf eine so überzeugende Weise darstellen, dass deine Bewerbung auch dann Interesse findet, wenn im Unternehmen derzeit kein Bedarf für einen Angestellten in deiner Position besteht.

Die folgenden fünf Elemente sollten unbedingt Teil der Initiativbewerbung sein:

1. Wer bist du und was ist dein Beruf?
2. Welche besonderen Qualifikationen kannst du nachweisen?
3. Auf welche Weise kannst du zum Erfolg des Unternehmens beitragen?
4. Für welche Stellung möchtest du dich bewerben?
5. Warum interessierst du dich speziell für eine Stellung bei diesem Unternehmen?

Vorteile einer Initiativbewerbung

Wenn du dich um eine Stelle bewirbst, die vom Unternehmen noch nicht ausgeschrieben ist, befindest du dich nicht in einer Konkurrenz Position. Sollte das Unternehmen in absehbarer Zeit planen, eine solche Stelle auszuschreiben, ist es möglich, dass sie mit dir besetzt wird und das langwierige und kostspielige Verfahren der Ausschreibung so einfach umgangen werden kann.

In deiner Bewerbung kannst du deine Qualitäten komplett darstellen und brauchst auf keine bestimmten Anforderungen zu achten, die normalerweise mit einer ausgeschriebenen Stelle einhergehen. Darüber hinaus stellst du deine Initiative sowie die hohe Motivation, bei diesem Unternehmen zu arbeiten, unter Beweis.

Bei einigen Unternehmen werden Initiativbewerbungen bevorzugt behandelt, wenn es zur Ausschreibung einer entsprechenden Stelle kommt. So kannst du einen Vorteil gegenüber Mitbewerbern erzielen und unter Umständen schnell eine Einladung zu einem Vorstellungsgespräch erhalten.

Die Kurzbewerbung und ihre Bedeutung

Eine Kurzbewerbung besteht nur aus einem Anschreiben und dem Lebenslauf. Auf Foto und Anlagen wird bei einer solchen Bewerbung verzichtet. Sie stellt keinen Ersatz für eine komplette Bewerbung dar, sondern dient dazu, einen ersten Kontakt mit dem Arbeitgeber herzustellen und Interesse zu wecken. Sie sollte aus zwei, maximal drei Seiten bestehen, so dass der Personaler sie in wenigen Minuten überfliegen kann. Besteht dann Interesse, so wird der Personaler die vollständigen Bewerbungsunterlagen anfordern.

Einsatzmöglichkeiten der Kurzbewerbung

Die Kurzbewerbung kann als eine Vorstufe zur Initiativbewerbung genutzt werden und wird meistens in elektronischer Form an Unternehmen geschickt, an denen du Interesse hast. Sie sind auch bei Jobmessen praktisch. Als Stellungssuchender kannst du die einzelnen Stände besuchen und wenn bei einem Gespräch ein erstes Interesse aufkommt, eine solche Kurzbewerbung aushändigen. Dabei kannst du auf die kostspielige Mappe ruhig verzichten, so dass du deine Unterlagen ruhig bei mehreren Unternehmen hinterlassen kannst. Damit erhöhen sich deine Chancen, eine Rückmeldung zu erhalten, mit einer Aufforderung, deine kompletten Bewerbungsunterlagen einzureichen.

Bewirbst du dich für einen Aushilfsjob oder einen Studentenjob, so ist eine Kurzbewerbung meistens ebenfalls ausreichend.

Aufbau der Kurzbewerbung

Das Anschreiben unterscheidet sich bei der Kurzbewerbung. Es wird nicht direkt auf die Stelle oder das Unternehmen eingegangen. Das ermöglicht es dir, zahlreiche Kurzbewerbungen auf schnelle Weise an verschiedene Unternehmen zu verteilen. Daher ist bei einer solchen Bewerbung der tabellarische Lebenslauf auch das wichtigste Dokument. Er dient dazu, dem Personaler einen schnellen Überblick zu ermöglichen, der den Bewerber bezüglich seiner Ausbildung und seines beruflichen Werdegangs vorstellt. Dabei solltest du dich auf deine wichtigsten Kenntnisse und Erfahrungen konzentrieren, um den Lebenslauf kurz und dennoch überzeugend zu gestalten. Anschreiben, sowie der Lebenslauf, sollte auch bei der Kurzbewerbung unterschrieben werden.

Der Vorteil der Kurzbewerbung besteht darin, dass du mit geringem Aufwand eine Vielzahl von Bewerbungen elektronisch verschicken oder auf einer Jobmesse verteilen kannst. Sie ist eine praktische Weise, um einen ersten Kontakt aufzunehmen und dabei bereits wichtige Information über die eigene Person zu übermitteln, die dem Personaler einen Überblick gewähren.

Wenn du Kurzbewerbungen verteilst, so solltest du vorbereitet sein. Nachdem der Personaler deine Kurzbewerbung erhalten hat und sich dafür interessiert, sind nämlich unterschiedliche Entwicklungen möglich. Er kann dich beispielsweise dazu auffordern, deine kompletten Bewerbungsunterlagen einzureichen. Diese solltest du also weitgehend vorbereitet haben, so dass du nur noch im Anschreiben auf die entsprechende Stelle einzugehen brauchst. Es ist aber auch möglich, dass sich der Personaler direkt für ein Telefoninterview entscheidet, auf dass du ebenfalls vorbereitet sein solltest. Wenn du Glück hast, wirst du sofort zu einem Bewerbungsgespräch eingeladen, wozu du natürlich die kompletten Unterlagen mitbringen solltest.

Kapitel III: Das Bewerbungsfoto - Notwendig oder überflüssig?

Das Bewerbungsfoto ist heute nicht mehr Pflicht. Gemäß dem Gleichbehandlungsgesetz darf der Personaler heute Bewerber ohne Foto nicht mehr benachteiligen. Tatsächlich bevorzugen Personaler es jedoch, eine Bewerbung mit Foto zu erhalten. Das Foto ermöglicht es ihnen, sich einen besseren Eindruck von der Person zu verschaffen, mit der sie zu tun haben. Somit kann ein Foto eine ideale Ergänzung zu einem positiven ersten Eindruck sein, den der Personaler von dem Bewerber erhält. Mit einem guten Bewerbungsfoto kannst du die Bewerbung durchaus positiv beeinflussen. Daher kann man ein gutes Bewerbungsfoto als eine sinnvolle Investition in die eigene Karriere betrachten.

Ein Selfie, mit dem eigenen Smartphone aufgenommen, ist oft nicht ausreichend, um mit den Fotos der Mitbewerber zu konkurrieren. Es zahlt sich aus, ein solches Foto von einem Berufsfotografen machen zu lassen, der sich auf Bewerbungsfotos spezialisiert. Den Preis für ein solches Foto kannst du schon vorher erfragen und dir in der Regel auch Musterbilder zeigen lassen, die von anderen Kunden aufgenommen wurden.

Ein Fotograf mit Erfahrung fungiert gleichzeitig auch als Style-Berater und kann dem Bewerber Tipps geben, welche Kleidung, Frisur oder Make-up im Fall von weiblichen Bewerberinnen, besonders vorteilhaft sind.

Das Foto sollte zum einen natürlich die Persönlichkeit des Bewerbers zu erkennen geben. Gleichzeitig sollte es jedoch auch so gewählt werden, dass es sich leicht in die Kultur des Unternehmens einpasst. Daher gilt, dass ein Foto im T-Shirt mit Sicherheit kein Plus für eine Bewerbung bei einer Bank ist. Für eine Stelle im Kreativbereich ist hingegen Anzug und Krawatte zu traditionell und wirkt eher negativ als positiv. Man sollte sich also ein wenig mit dem Unternehmen befassen und sich auch dafür interessieren, was die Arbeitnehmer zur Arbeit tragen. So kann man sich für das Bewerbungsfoto so kleiden, wie man sich auch für einen Arbeitstag stylen würde.

Wichtige Elemente für ein gutes Bewerbungsfoto

Bei der Frisur ist es wichtig, dass die Haare das Gesicht auf dem Bewerbungsfoto nicht verdecken. Auch sollten sie nicht ungepflegt wirken. Extreme Frisuren, wie übertriebene Haarfarben oder Haarschnitte sind nicht empfehlenswert.

Auch bei der Wahl des Schmucks solltest du eher konservativ sein. Übergroße Schmuckstücke und auch Piercings wirken auf die meisten Personaler negativ. Ebenso sollte einem dezenten Make-up der Vorzug gegeben werden.

Der Bildausschnitt sollte den Kopf und einen Teil des Oberkörpers zeigen.

Der Hintergrund sollte dabei neutral gewählt werden. Daher sind auch die meisten Fotos, die man selbst im Urlaub oder bei besonderen Gelegenheiten von sich aufnimmt, auch eindeutig nicht für das Bewerbungsschreiben geeignet.

Das ideale Format für das Foto beträgt 6 cm Höhe und 4,5 cm Breite. Wird das Foto auf dem Deckblatt platziert, so kann man es auch ein wenig größer wählen. Manchmal wird auch ein Querformat verwendet, welches jedoch von vielen Personalern weniger geschätzt wird.

Bewerbungsfotos können in Farbe oder auch in Schwarz-Weiß gestaltet werden. Bei Schwarz- Weiß Fotos solltest du jedoch auf einen guten Kontrast zwischen Hintergrund und Kleidung achten, so dass ein klares Foto zustande kommt.

Als ungeeignet für die Bewerbung gelten Partyfotos, Schnappschüsse, Ganzkörperaufnahmen. Auch tiefe Ausschnitte oder kurze Ärmel wirken unprofessionell und sollten daher auf dem Bewerbungsfoto vermieden werden. Knallige Farben bei Kleidung und Make-up sollten ebenfalls vermieden werden.

Zum Anbringen des Fotos auf dem Bewerbungsschreiben sollte ein Klebestift verwendet werden. Das Anheften mit einer Büroklammer wirkt unsauber und sollte daher vermieden werden. Bei einer digitalen Bewerbung hingegen wird das Foto auf dem Lebenslauf eingefügt.

Kapitel IV: So entsteht ein perfektes Anschreiben

Das Anschreiben ist das erste Dokument in der Bewerbung und wird daher vom Personaler auch vor dem Lebenslauf und den Zeugnissen in Augenschein genommen. Mit dem ersten Satz entscheidet sich bereits, ob der Personaler mit Interesse weiterlesen oder die Bewerbung gelangweilt zur Seite legen wird. Es gilt also, mit dem Einleitungssatz Interesse zu erwecken und positive Emotionen zu erwecken. Mit einem "Hiermit bewerbe ich mich um die Stelle..." kann man diesen Eindruck mit Sicherheit nicht erwecken. Der Einleitungssatz sollte einzigartig sein und nach Möglichkeit auf das Unternehmen oder auf aktuelle Ereignisse Bezug nehmen.

Die folgenden Beispiele können als Orientierungshilfe dienen, um den eigenen perfekten Einleitungssatz zu finden:

- "Bereits seit Jahren bin ich ein treuer Fan Ihrer Produkte und habe die Entwicklung der Marke stets mit Interesse verfolgt."
- "Es ist allgemein bekannt, dass Ihre Firma die besten Talente in der Branche beschäftigt. Darum möchte ich mich einmal vorstellen, um in Zukunft mit meinem eigenen Einsatz zur außergewöhnlichen Leistung Ihres Teams beizutragen."
- "Sie suchen einen erprobten und krisenfesten Produktionsmanager für Ihre Fabrik in Mexiko? Dann möchte ich mich Ihnen gerne vorstellen."
- "Mit meiner langjährigen Erfahrung im Bereich der XY möchte ich Ihrer Firma gerne bei einer positiven Entwicklung des Unternehmens zur Seite stehen."
- "Aus Pressemeldungen über Ihr Unternehmen geht hervor, dass Sie planen, noch in diesem Jahr auf den japanischen Markt zu expandieren. Ich kenne den Markt sehr genau und bringe außerdem hervorragende Kenntnisse der japanischen Sprache mit

und könnte Sie auf diese Weise bei den neuen Projekten perfekt unterstützen."

- "Bereits seit vielen Jahren beschäftige ich mich mit XY. Als ich Ihre Stellenanzeige für einen XY Fachmann sah, wusste ich sofort, dass ich mit meinen Kenntnissen zum Erfolg Ihres Unternehmens beitragen kann."

Die besten Elemente für das Anschreiben

Wenn es darum geht, eine Bewerbung auszuwerten, stell sich der Personaler die bekannten vier W-Fragen. Um ihm die Arbeit zu erleichtern, sollte man versuchen, diese Fragen bereits im Anschreiben zu beantworten. Diese Fragen sind:

- "Wer ist der Bewerber?"
- "Was kann der Bewerber?"
- "Warum will der Bewerber eine Stelle bei dieser Firma?"
- "Welchen Gewinn hat das Unternehmen von der Einstellung des Bewerbers?"

Es lohnt sich, Begeisterung einfließen zu lassen, wenn man das Anschreiben aufsetzt. Dazu kann man sich beispielsweise vorstellen, dem besten Freund zu erzählen, warum man diese Stelle unbedingt haben möchte. Diese Sätze braucht man dann nur noch stilistisch aufzupolieren und hat schon einen wertvollen Beitrag für das Anschreiben.

Natürlich sollte man auch Information über das eigene Können in das Anschreiben einfließen lassen, ohne jedoch dabei lediglich Daten aus dem Lebenslauf zu wiederholen. Neben den sogenannten Hardskills, also dem Fachwissen, möchten die Personaler auch gerne etwas über die Softskills, also die persönlichen, sozialen und methodischen Kompetenzen des Bewerbers erfahren. Ideal ist es, wenn man zu den einzelnen Punkten Beispiele einfügen kann.

Grundsätzlich zahlt es sich aus, ehrlich zu sein, wenn es um die eigenen Qualifikationen und Kompetenzen geht. Man sollte stets daran denken, dass Personaler jahrelange Erfahrung im Lesen und Auswerten von Bewerbungen mitbringen und Übertreibungen meistens auf den ersten Blick erkennen kann.

Bevor man das Anschreiben aufsetzt, sollte man möglichst viel Information über das Unternehmen einholen und anhand dieser Information darauf hinweisen, warum man selbst gut zu diesem Unternehmen passt. Das zeigt dem Personaler, dass man sich Gedanken über das Unternehmen gemacht hat und versteht, welchen Beitrag man selbst leisten kann.

Der Schluss des Anschreibens sollte in einer Aufforderung bestehen, aus der hervorgeht, dass nun das Unternehmen am Zug ist. Ein gutes Beispiel ist:

- "Ich freue mich auch ein persönliches Vorstellungsgespräch."

Gehaltsvorstellungen im Anschreiben

Es ist heute üblich, im Anschreiben auch die eigenen Gehaltsvorstellungen zu erwähnen. Natürlich ist es gar nicht so einfach, den eigenen Marktwert zu ermitteln, um die Gehaltsforderung auch realistisch zu gestalten. Einerseits sollte man das gewünschte Gehalt so hoch wie möglich anberaumen. Auf diese Weise hat man einerseits Spielraum zur Verhandlung mit dem Arbeitgeber. Andererseits kann man davon ausgehen, dass Gehaltserhöhungen in späteren Jahren stets auf einem Prozentsatz des Gehalts basiert sind, wodurch man durch ein möglichst hohes Anfangsgehalt natürlich im Vorteil ist. Dennoch muss man unrealistische, überhöhte Gehaltsforderungen unbedingt vermeiden. Die Gehaltsvorstellungen geben dem Personaler Aufschluss darüber, ob der Bewerber gut informiert ist und seinen Marktwert kennt. Andererseits lassen sie auch einen Vergleich mit Mitbewerbern zu und ermöglichen es, die Kosten für das Unternehmen zu bestimmen.

Oft wird von dem Unternehmen beim Ausschreiben der Stelle explizit eine Angabe zum Wunschgehalt gefordert. Ignoriert man diese Aufforderung, so wird das vom Personalchef negativ interpretiert. Eine Person, die ihren Marktwert nicht kennt, wirkt unprofessionell. Wird bei dem Bewerbungsschreiben einer direkten Aufforderung nicht nachgekommen, so stellt sich automatisch die Frage, ob dieses Verhalten auch bei der Arbeit zu erwarten sein wird. Der Aufforderung, eine Gehaltsvorstellung zu nennen, solltest du also unbedingt nachkommen.

Im Internet kann man Gehaltsvergleichsportale finden, die als Orientierungshilfe dienen können. Sie ermöglichen es, zu ermitteln, welche durchschnittlichen Gehälter für vergleichbare Positionen üblich sind. So kann man die eigene Gehaltsvorstellung realistischer formulieren. Natürlich kann man auch bei Freunden oder Bekannten nachforschen, die bereits eine ähnliche Position innehaben. Eine ausweichende Möglichkeit, die nicht ideal aber akzeptabel ist, kann darin bestehen, das aktuelle Jahresgehalt zu nennen. So gibt man zu erkennen, dass man die Aufforderung, einen Gehaltswunsch zu nennen, nicht ignoriert hat und gibt dem Personaler zumindest eine Idee der Gehaltserwartung.

1.)
Susanne Muster
Musterstraße 9
98765 Musterstadt
Tel. 01234 / 567 890 00
Mail: muster@mustermail.de

Musterstadt, 1.Dezember 2017
Musterfirma GmbH
Herr Max Personalchef
Beispielstr. 1
54321 Beispielort

Bewerbung als Kundendienst Senior Consultant

Sehr geehrter Herr Personalchef,

seit mehr als 12 Jahren bin ich international tätig, um für Unternehmen Kundendienste in unterschiedlichen Ländern zu verbessern oder neu auch aufzubauen. Ich spreche neben Deutsch auch Spanisch, Englisch und Französisch perfekt, so dass mir Verhandlungen auch im Ausland in der Regel leichtfallen.

Bei meiner letzten Arbeitsstelle war es meine Aufgabe, die Kundenbetreuung zu optimieren. Es gelang mir, die Reklamationsrate um 20 Prozent zu senken und dadurch den Umsatzerlös zu steigern.

Darüber hinaus konnte ich ein Bonusprogramm entwickeln, mit dem
das Unternehmen neue Kunden gewinnen und einen deutlichen Vorteil
gegenüber der Konkurrenz erzielen konnte.

Im Lauf meiner Tätigkeit hatte ich die Gelegenheit, Ihr Unternehmen
als erstklassigen Entwickler von Software für Kundendienst
Management kennenzulernen. Deshalb würde ich meine Expertise
gerne einsetzen, um gemeinsam mit Ihrem Team neue Erfolge für Ihr
Unternehmen zu erzielen und es in einen Marktführer zu verwandeln.
Zu meinen Ideen gehört eine Optimierung der Betriebsstrukturen
ebenso, wie das Entwerfen von Customer Loyalty Programs.

Meine Gehaltsvorstellungen bewegen sich zwischen 80.000 und 90.000
Euro pro Jahr. Ich bin jedoch flexibel und würde Details gerne mit
Ihnen persönlich ausarbeiten.

Schon jetzt freue ich mich auf eine Einladung zu einem
Vorstellungsgespräch und verbleibe

mit freundlichen Grüßen

Susanne Muster

Anlagen: Lebenslauf, Zeugnisse, Referenzen

2.)
Susanne Muster
Musterstraße 9
98765 Musterstadt
Tel. 01234 / 567 890 00
Mail: muster@mustermail.de

Musterstadt, 1.Dezember 2017
Musterfirma GmbH
Frau Maria Personalchef
Beispielstr. 1
54321 Beispielort

Sehr geehrte Frau Personalchef,

Nach nunmehr neun Jahren im Bereich der Finanzberatung möchte ich
neue berufliche Herausforderungen finden und mich weiterentwickeln.
Daher wurde mein Interesse von Ihrem Stellenangebot auch sofort
geweckt. Ich bin überzeugt, dass meine Qualifikationen und
Berufserfahrung ausgezeichnet zu dem ausgeschriebenen Posten passen
und dass ich eine produktive Ergänzung für Ihr Team darstellen kann.

Die Werte und Normen Ihrer Bank stimmen vollkommen mit meiner
Einstellung zum Finanzsektor überein, weshalb ich sehr gerne als
Finanzberater für Sie tätig werden möchte. Ich bin der Auffassung, dass
man vollkommen hinter der Bank und deren Arbeitsweise stehen muss,
um Kunden optimal beraten zu können.

Im Bereich der Finanzberatung zeichne ich mich durch ausgezeichnete
Kenntnisse aus und bin ständig bemüht, mich persönlich
weiterzuentwickeln. Ich begegne meinen Kunden auf eine pro-aktive

Weise und kann mich in ihre Situation hineinversetzen. Auf diese Weise kann ich nicht nur die heutigen sondern auch die zukünftigen Bedürfnisse der Kunden analysieren und eine gradlinige Beratung durchführen, die zu einer Kundenbindung führt.

Ich hoffe, ich konnte Sie mit meinem Bewerbungsschreiben überzeugen, dass ich der richtige Kandidat für die Stelle als Finanzberater bei Ihrer Bank bin und freue mich auf ein persönliches Vorstellungsgespräch. Ich verbleibe,

mit freundlichen Grüßen

Susanne Muster

Anlagen: Lebenslauf, Zeugnisse, Referenzen

3.) Dieses Anschreiben kann benutzt werden, wenn bereits ein Kontakt stattgefunden hat.

Max Muster
Musterstraße 9
98765 Musterstadt
Tel. 01234 / 567 890 00
Mail: muster@mustermail.de

Musterstadt, 1.Dezember 2017
Musterfirma GmbH
Frau Maria Personalchef
Beispielstr. 1
54321 Beispielort

Sehr geehrte Frau Personalchef,

es freut mich, dass ich Ihnen bereits telefonisch meine Ideen für Ihr neues Online Magazin unterbreiten konnte. Genau wie Sie bin auch ich der Meinung, dass sich der Internetauftritt Ihres Unternehmens durch das Magazin optimieren lässt. Ich bin überzeugt, dass ich dabei einen wertvollen Beitrag leisten kann und freue mich, wenn ich Sie schon bald bei diesem Projekt unterstützen kann.

Ich habe eine ganze Reihe von konkreten Vorschlägen sowohl für das Online Magazin als auch für eine optimale Nutzung der Social-Media-Kanäle und habe diese meiner Bewerbung angefügt. So können Sie sich einen ersten Eindruck von meiner Arbeit verschaffen.

Ich freue mich schon auf Ihre Antwort und bin gespannt, was Sie über meine Vorschläge denken. Weitere Details und Rückfragen können wir in einem persönlichen Gespräch diskutieren. Bis dahin verbleibe ich,

Mit freundlichem Gruß

Max Muster

Anlage: Lebenslauf, Zeugnisse, Referenzen und Vorschläge

4.) Dieses Modell eignet sich für eine Bewerbung im Finanzbereich

Die Traumstelle im Bereich Banken und Versicherungen ist gefunden. Jetzt geht es darum, die Personaler davon zu überzeugen, dass Sie die Chance auf ein Vorstellungsgespräch verdient haben. Dazu kann eine aussagekräftige Bewerbung die beste Erfolgsgarantie sein. Sehen Sie im Folgenden, wie ein ideales Anschreiben aussehen könnte.

ABC Finanzdienstleistung GmbH Bonn, 30.05.2017
Frau Dr. Personalchef
Musterstraße 21-23
D-10203 Musterstadt

Bewerbung auf Ihre Stellenanzeige als Privatkundenberater vom 25.05.2017

Sehr geehrte Frau Dr. Personalchef,

über ihre Stelleanzeige als Privatkundenberater, die auf www.jobware.de veröffentlicht wurde, habe ich mich sehr gefreut, da meine Qualifikationen hervorragend zu Ihren Anforderungen an die ausgeschriebene Stelle passen. Deshalb habe ich mich entschlossen, mich heute bei Ihnen für diese Position zu bewerben.
Im April 2010 machte ich meinen Abschluss zur Bankkauffrau und seitdem bin ich als Junior-Kundenberaterin tätig. Derzeit erstreckt sich

mein Aufgabenbereich hauptsächlich auf Baufinanzierungen sowie die Unterstützung bei der Erstellung von Baufinanzierungsstrukturen. In diesem Bereich konnte ich viele Erfahrungen sammeln, die es mir schnell ermöglichen werden, mich in das Aufgabengebiet der Privatkundenberaterin einzuarbeiten.

Zu meinen weiteren Qualitäten, die ich in diese Position einbringen werde, gehören sowohl meine Loyalität, als auch ein ausgezeichnetes Kommunikationsvermögen. Darüber hinaus zeichne ich mich durch viel Verantwortungsbewusstsein aus.

Meine Gehaltsvorstellungen liegen zwischen 40.000 und 44.00 Euro brutto pro Jahr und ich hoffe, dass ich damit in Ihr Gehaltsgefüge passe. Ich befinde mich zurzeit noch in einem Arbeitsverhältnis und könnte die neue Stelle bei Ihnen nach einer sechswöchigen Kündigungsfrist antreten. Ich möchte Sie bitten, meine Bewerbung auf Grund meines derzeitigen Arbeitsverhältnisses mit Diskretion zu behandeln.

Für ein persönliches Gespräch stehe ich Ihnen gerne zur Verfügung und verbleibe

Mit freundlichem Gruß

Adele Beispiel

5.) Dieser Beispieltext eignet sich für die IT Branche

Muster GmbH
Frau Marianne Muster
Musterstr. 1
54321 Musterstadt

Bewerbung auf Ihr Stellenangebot als IT Systembetreuer

Sehr geehrte Frau Muster,

das freundliche Telefonat mit Ihnen am 15.05.2017 hat mich motiviert Ihnen heute meine Bewerbung zu übersenden. Zwar bin ich derzeit in einem Angestelltenverhältnis, doch fehlt mir bei meinem aktuellen Arbeitgeber die Perspektive für die Zukunft und bin daher auf der Suche nach einer neuen Herausforderung. Die Tätigkeit als IT Systembetreuer, die Sie mir offeriert habe, entspricht meinen beruflichen Zielen auf perfekte Weise.

Ich war mehrere Jahre bei der XY GmbH beschäftigt, wo ich umfangreiche Fähigkeiten und Erfahrungen in der Softwareentwicklung sammeln konnte. Ich bin sicher, dass diese Kenntnisse bei dem neuen Job hilfreich sein werden. Zurzeit bis ich als IT Systembetreuerin bei Muster-IT-Consulting fest angestellt. Darüber hinaus habe ich an der TU Berlin Wirtschaftsinformatik studiert und den Studiengang als eine der Besten meines Jahrgangs abgeschlossen.

Als belastbare und ergebnisorientierte Mitarbeiterin kann ich mir vorstellen, dass ich mich gut in Ihr Team einfügen kann. Ich zeichne mich durch ausgezeichnetes Zeitmanagement und analytisches Denken aus, das mir bei meinen bisherigen Stellen stets zum Vorteil gereicht

41

hat, und Grundlage meiner strukturierten Arbeitsweise ist. Im Speziellen besitze ich ausgezeichnete Kenntnisse in Ich besitze sehr gute Kenntnisse in Java, GAMBAS, PHP, C#, HTML und Fortran. Auch bringe ich einige Sprachkenntnisse mit. Ich spreche Englisch und Spanisch fließend und habe Grundkenntnisse in Russisch.

Ich kann Ihnen nach einer Kündigungsfrist von sechs Wochen zur Verfügung stehen. Meine Gehaltsvorstellungen liegen zwischen 36.000 und 40.000 Euro brutto pro Jahr. Ein Wechsel des Wohnorts ist für mich kein Problem, da diese Stelle für mich eine starke Motivation darstellt. Ich hoffe, Ihr Interesse mit meiner Bewerbung wecken zu können und freue mich auf ein persönliches Vorstellungsgespräch.

Mit freundlichen Grüßen aus Beispielort

Gisela Beispiel

6.) Ein Beispiel für ein Anschreiben in der Marketing Branche

Muster GmbH
Maria Musterfrau Dortmund, 03.11.2012
Hauptstr. 1
D-54321 Musterstadt

Bewerbung auf Ihr Stellenangebot als Marketing Referent

Sehr geehrte Frau Musterfrau,

wie wir es bereits telefonisch vereinbart hatten, sende ich Ihnen mit diesem Schreiben meine kompletten Bewerbungsunterlagen zu. Ich bin sicher, dass meine Fähigkeiten sehr gut zu Ihren Anforderungen an einen Marketing Referenten passen. Ich würde mich über diese neue Herausforderung freuen und gerne von meiner derzeitigen Stelle wechseln, die mir nur wenige Möglichkeiten für eine zukünftige Entwicklung bietet.

Bei meiner Tätigkeit für die ABC GmbH habe ich meine Fähigkeiten in der Werbeplanung entwickeln können und auch viel Erfahrung gesammelt. Diese Kenntnisse würde ich bei Ihnen gerne einsetzen, um in Ihrem Team neue Impulse zu setzen, die für Ihr Unternehmen mit Sicherheit positiv sein können. Neben meiner Berufserfahrung habe ich ein abgeschlossenen Germanistik Studium mit einer Spezialisierung in Publizistik, welches ich an der Universität Aachen erworben habe. Ich arbeite gerne im Team und bin belastbar sowie kommunikationsfähig.

Gerne würde ich meine Kenntnisse in Ihrem Unternehmen zum Einsatz bringen und Teil Ihres Unternehmens werden, das sich in Fachkreisen auf Grund seiner hochwertigen Arbeit einen ausgezeichneten Namen geschaffen hat. Im Verlauf meiner bisherigen Karriere habe ich viel mit OpenOffice, WordPress und Google AdWords gearbeitet und bin darin recht geübt. Ich spreche außerdem recht fließend Englisch und Spanisch in Wort und Schrift und zeichne mich darüber hinaus durch mein Organisationstalent aus.

Die Kündigungsfrist bei meiner derzeitigen Anstellung beträgt 3 Monate. Nach dieser Zeit kann ich Ihnen sofort zur Verfügung stehen.

Mein bisheriges Jahresgehalt von 45.000 Euro brutto pro Jahr und meine Gehaltsvorstellungen orientieren sich in dieser Richtung.

Ich freue mich auf ein persönliches Vorstellungsgespräch und verbleibe.

Mit freundlichen Grüßen

Bernd Beispiel

Ein Postskriptum - Die Geheimwaffe für das Anschreiben

Das Postskriptum wurde zu der Zeit eingesetzt, als man Briefe noch mit der Hand schrieb. Hatte der Schreiber eine Information im Brief vergessen, so erlaubte es das Postskriptum, diese einfach noch nach der Unterschrift anzubringen, ohne dass der ganze Brief noch einmal abgeschrieben werden musste. Heute ist das prinzipiell nicht mehr nötig, da man ja in einem auf dem Computer verfassten Brief zu jeder Zeit noch weitere Informationen in den Text einfügen kann. Doch hat das Postskriptum bei deinem Anschreiben einen ganz besonderen Sinn. Es fängt nämlich die Aufmerksamkeit des Personalers noch einmal ein. Du kannst deinem Anschreiben einen originellen Abschluss geben, so dass du dich von anderen Bewerbern absetzt.

Allerdings muss das Postskriptum wirklich originell sein und du solltest einige Zeit darauf verwenden, die passende Formulierung zu finden. Am besten enthält das Postskriptum eine besonders relevante Information, die für das Unternehmen wichtig sein könnte. In der Tat wurde herausgefunden, dass ein Postskriptum oft sogar zuerst gelesen wird, wenn der Personaler das Anschreiben zur Hand nimmt. So kann man es als Trumpfkarte benutzen, mit der besonderes Interesse erwecken kann. Einige Beispiel dazu:

"P.S.: In der Woche vom 5.1 bis zum 10.1 bin ich in Ihrer Stadt unterwegs und könnte die Zeit zu einem Vorstellungsgespräch nutzen. Sie können mich jederzeit unter meiner Handynummer XXXXX erreichen."

"P.S.: Ich besitze fließende Spanisch Kenntnisse, so dass ich auch bei der Kommunikation mit Ihrer Filiale in Mexiko hilfreich sein könnte."

"P.S.: Meine Trainer Ausbildung gewährt Ihnen den Vorteil, dass ich auch betriebsinterne Schulungen ausarbeiten kann."

Mangelnde Berufserfahrung mit einem guten Anschreiben ausgleichen

Für die meisten Stellen werden Bewerber bevorzugt, die einige Berufserfahrung mitbringen. Hast keine oder nur wenig Berufserfahrung, die du auf deinem Lebenslauf präsentieren kannst, so kannst du im Anschreiben auf andere Gründe verweisen, die dich für die betreffende Stelle qualifiziert machen. So kannst du den Teufelskreis von "ohne Berufserfahrung keine Stelle und ohne Stelle keine Berufserfahrung" durchbrechen. Du kannst beispielsweise Nebenjobs oder Praktika anführen und versuchen, die dort gesammelte Erfahrung auf den Job zu beziehen, für den du dich bewirbst. Zu diesem Zweck können dir auch ehrenamtliche Beschäftigungen, Hobbys sowie Fort- und Weiterbildungskurse dienen.

Sozialkompetenzen können ebenfalls unter Umständen mangelnde Berufserfahrung ausgleichen. Wer beispielsweise während des Studiums häufig Arbeitsgruppen geleitet hat, konnte dabei Führungsqualitäten entwickeln, die einer Berufserfahrung ähnlich sind.

Auch fachliche Kenntnisse, die du während des Studiums erworben hast und die dir eine besondere Eignung für den Job verleihen, sollten erwähnt werden.

Geforderte Kompetenzen analysieren

Um die besten Softskills für die betreffende Stellung auszuwählen, solltest du zunächst einmal die Kernkompetenzen analysieren, die gefordert werden. Dabei stehen an erster Stelle die Kompetenzen, die vom Unternehmen für die Stelle gefordert werden. Diese müssen unbedingt nachgewiesen werden können.

Gefolgt werden diese von den Kompetenzen, die für das Unternehmen wünschenswert sind. In deinem Anschreiben solltest du nach

Möglichkeit auf jede dieser Anforderungen eingehen und begründen, warum du sie erfüllen kannst.

Der Lebenslauf sollte mit dem Erwerb dieser Kernkompetenzen übereinstimmen. Du musst jedoch aufpassen, ihn dabei nicht übermäßig aufzublähen, da das bei Personalern nicht gerne gesehen wird. Verstehst du es, im Anschreiben auszuführen, auf Grund welcher Softskills du für den Posten geeignet bist, so kannst du auch dann eine Chance haben, wenn dir die Berufserfahrung fehlt.

Kapitel V: Den Lebenslauf für die Bewerbung gestalten

Oft wird das Anschreiben als das wichtigste Dokument in der Bewerbung betrachtet. Doch ist der Lebenslauf nicht minder wichtig und verdient zumindest die gleiche Aufmerksamkeit. Hier wird in kurzer, überschaubarer Form der berufliche Werdegang des Bewerbers geschildert. In vielen Fällen wirft der Personaler sogar zuerst einen Blick auf den Lebenslauf, bevor er sich die anderen Dokumente anschaut. Darum zahlt es sich aus, einen professionellen Aufbau zu wählen, der leicht zu überschauen ist. Ein guter Lebenslauf kann häufig bereits das Ticket zu einem Einstellungsgespräch sein.

Aufbau und Struktur für den Lebenslauf

Der Aufbau erfolgt bei einem Lebenslauf grundsätzlich immer nach einem ähnlichen Prinzip. Die erste Information, die im Lebenslauf zu finden sein sollte, sind die Kontaktdaten. Diese werden oben rechts eingefügt. Darauf folgt in zentrierter Ausrichtung die Überschrift für das Dokument, die stets "Lebenslauf" lautet. Danach werden Angaben zu den persönlichen Daten gemacht. Diese gehören rechtsbündig als erste Rubrik unter den Titel. Dazu werden die folgenden Angaben gemacht:

- Geburtsdatum und Geburtsort
- Staatsangehörigkeit
- Familienstand

Entscheidet man sich für eine Bewerbung ohne Deckblatt, so wird das Bewerbungsfoto rechts neben den persönlichen Daten eingefügt.

Danach beginnt man schließlich mit der stichpunktartigen Auflistung des Werdegangs. Es gilt zu beachten, dass dieser in antichronologischer Reihenfolge erstellt wird. Die letzte Arbeitsstelle, beziehungsweise die derzeitige Beschäftigung wird zuerst erwähnt und die weiteren Arbeitsverhältnisse werden darunter rückläufig aufgezählt. Personaler geben dieser Art aus einem einfachen Grund den Vorzug. So ist es nämlich möglich, gleich auf den ersten Blick den aktuellen beruflichen Stand des Bewerbers zu erkennen.

Es ist stets das oberste Gebot, den Lebenslauf übersichtlich zu gestalten. Deshalb sollte man ihn in verschiedene Kategorien einteilen, die jeweils mit einer eigenen Unterüberschrift versehen sind. Das kann sich beispielsweise wie folgt gestalten:

1. Daten zur Person
2. Berufserfahrung
3. Ausbildung und Studienzeit
4. Aktuelle Fort- und Weiterbildung
5. Besondere Fähigkeiten und Kenntnisse
6. Studien im Ausland
7. Kenntnisse von Fremdsprachen
8. Kenntnisse und Erfahrung im Bereich von EDV
9. Hobbys, Interessen und Ehrenamtliche Tätigkeiten

Natürlich müssen nicht alle dieser Kategorien zwingend in den Lebenslauf übernommen werden. Wer beispielsweise nicht im Ausland studiert hat, fügt diese Rubrik einfach nicht ein. Zusammen mit einem guten Layout kann so ein sehr übersichtlicher Lebenslauf entstehen, der dem Personaler bereits auf einen Blick einen ausgezeichneten Überblick über den Werdegang des Bewerbers ermöglicht.

Lebenslauf ausführlich oder tabellarisch?

Es gibt zwei Möglichkeiten, um den Lebenslauf zu verfassen. Die klassische und nach wie vor die häufig genutzte Form ist der tabellarische Lebenslauf. Dieser wird auch von Personalern bevorzugt. Er bietet die Möglichkeit, den Werdegang besonders übersichtlich darzustellen und bietet außerdem unterschiedliche Gestaltungsweisen. Im tabellarischen Lebenslauf werden keine kompletten Sätze oder genaue Ausführungen eingesetzt. Der gesamte Text wird auf Eckdaten und Stichpunkte beschränkt. Auch wenn diese Vorgehensweise der Gestaltung des Lebenslaufs einfach ist, so gilt es dennoch, auf bestimmte Details zu achten, die zu einem überzeugenden Lebenslauf gehören.

Was gehört in den Lebenslauf?

Bei der Gestaltung des Lebenslaufs ist es stets hilfreich, sich den Sinn dieses Dokuments vor Augen zu halten. Er ist dazu gedacht, einem Arbeitgeber die Daten auf übersichtliche Weise zu übermitteln, die es ihm erlauben, die Eignung eines Bewerbers für eine Position zu ermitteln. Für jede Position oder Stellung in einem Unternehmen werden von dem entsprechenden Fachbereich spezielle Anforderungen gestellt. Dem Personaler sollte es nun möglich sein, diese Anforderungen mit den Informationen aus dem Lebenslauf zu vergleichen und eine erste Einschätzung der Eignung des Bewerbers vorzunehmen. Nur wenn der Personaler den Eindruck gewinnt, dass ein Kandidat die nötigen fachlichen Kenntnisse und die gewünschte Berufserfahrung besitzt, wird eine Einladung zu einem persönlichen Vorstellungsgespräch erfolgen.

Die relevanten Informationen, die daher Teil des Lebenslaufes sein sollten, umfassen daher Ausbildung, Weiterbildung und Praktika, sowie die bisherige berufliche Laufbahn. Auch spezielle Qualifikationen, die für die Stelle wichtig sein können, sollten im Lebenslauf vermerkt werden.

Information, die für eine bestimmte Stelle nicht relevant ist, sollte im Lebenslauf nicht angeführt werden. So kann der Personaler das Dokument schneller analysieren, ohne sich mit unwichtigen Details befassen zu müssen.

Ein Lebenslauf ist stets ein individuelles Dokument, da die Informationen, die zur Person angegeben sind, sehr unterschiedlicher Natur sein können. So wird ein Berufsanfänger beispielsweise mehr Wert auf Details seiner Ausbildung legen, da er noch keine oder nur wenig Berufserfahrung vorweisen kann. Ein Kandidat mit einer umfangreichen Berufserfahrung wird bei der Ausbildung wahrscheinlich nur den letzten Stand der Ausbildung anführen, um das Dokument nicht unnötig zu verlängern.

Typischer Aufbau für den Lebenslauf

Ein typischer Lebenslauf kann in der folgenden Weise strukturiert werden:

Lebenslauf

Max Muster

Musterstraße 11
12345 Musterstadt

Telefonnummer:	0241/123456789
E-Mail:	MaxMuster@xxx.com
Geburtsdatum:	06.02.1989
Geburtsort:	Musterstadt
Familienstand:	ledig
Staatsangehörigkeit:	deutsch
Verfügbarkeit:	sofort
Gehaltsvorstellung:	40.000 €
Bevorzugte Einsatzorte:	Hamburg, Lübeck
Sprachen:	deutsch und englisch fließend

Beruflicher Werdegang

Seit November 2017: XY GmbH
Senior Projektmanager

Aufgabenschwerpunkte
Leitung unterschiedlicher Großprojekte des Unternehmens

Januar 2012 - November 2017: ABC GmbH
Projektmanager

Aufgabenschwerpunkte
Ausarbeitung von Projekten als Mitglied des Teams
Verantwortlich für ein Projekt im Bereich Kundendienst

April 2008 - Januar 2012: 123 Unternehmen
Projektmanager

Aufgabenschwerpunkte
Ausarbeitung von Projekten in einem kleinen Unternehmen

Januar 2004 - April 2008: XX GmbH
Junior Projektmanager

Aufgabenschwerpunkte
Sammeln von erster Berufserfahrung.

Ausbildung

2001 - 2003: Universität Beispielstadt
MBA

1997 - 2001: Universität Musterstadt
BWL Studium
Auslandssemester in Paris

1997: Gymnasium Musterstadt
Abitur
Leistungsfächer: Deutsch und Mathematik

Spezielle Kenntnisse

Fremdsprachen: Deutsch (Muttersprache)
Englisch (Fließend)
Französisch (Fließend)
Spanisch (Grundkenntnisse)

IT- Kenntnisse: MS-Office (sehr gut)
Hobbies: Golfspielen und Lesen

3. Januar 2020 Unterschrift

Ein solcher Lebenslauf eignet sich ausgezeichnet für einen Bewerber, der bereits einige Berufserfahrungen hat. Der berufliche Werdegang kann vom Personaler leicht überflogen werden. Es können bei Bedarf weitere Bereiche zugefügt werden, in denen man beispielsweise Referenzen angeben kann. Genauso können andere Bereiche ausgelassen werden, wenn dazu keine Informationen bestehen oder man diese nicht nennen möchte. Ausbildung und beruflicher Werdegang gehören jedoch immer zu einem kompletten Lebenslauf.

Der ausführliche Lebenslauf

Der tabellarische Lebenslauf in antichronologischer Reihenfolge ist heute der allgemein akzeptierte Standard, wenn es um Bewerbungen gibt. Es gibt hin und wieder jedoch auch Gelegenheiten, bei denen ein ausführlicher Lebenslauf gefordert wird, der in der Regel handschriftlich verfasst wird. Bei der Bewerbung für ein Stipendium oder auch für den gehobenen Beamtendienst ist oft noch üblich, dass ein ausführlicher Lebenslauf gewünscht wird. Der große Gegensatz zum tabellarischen Lebenslauf besteht darin, dass alle Angaben im Fließtext ausformuliert werden. Es gilt jedoch, Anschreiben und Lebenslauf in einer Weise zu formulieren, dass sie sich ergänzen und der Lebenslauf nicht zu einer Wiederholung des Anschreibens wird.

Auch der ausführliche Lebenslauf sollte sorgfältig strukturiert werden, so dass ein Lesen erleichtert wird. Der Text sollte also nicht als Block gestaltet, sondern vielmehr in sinnvolle Abschnitte unterteilt sein. Weiterhin gilt zu beachten, dass ein ausführlicher Lebenslauf chronologisch aufgebaut wird. Das heißt du beginnst zunächst mit der Schulausbildung und schließt mit der aktuellen Situation ab.

Der tabellarische Lebenslauf hat für den Bewerber den Vorteil, dass er sich schneller entwerfen lässt. Ebenfalls lässt er sich vom Personaler schneller überfliegen. Doch bietet der ausführliche Lebenslauf für den Personaler auch wesentliche Vorteile, die besonders für einige Stellungen wichtig sind. So lässt sich aus einem solchen Lebenslauf leicht erkennen, wie gut sich ein Bewerber schriftlich ausdrücken kann und wie gut seine Kommunikationsfähigkeiten sind. Bei Berufen, in denen häufig schriftliche Kommunikation mit Kunden oder Mitarbeitern erforderlich ist. Darum ist es auch wichtig, dass der ausführliche Lebenslauf sich leicht lesen lässt und auch selbsterklärend ist. Daher ist es beispielsweise wichtig, auch kurze Erklärungen einzufügen, aus denen hervorgeht, warum man sich für den einen oder anderen Schritt im Lebenslauf entschieden hat.

Auch empfiehlt es sich, nach jeder einzelnen Station im Werdegang darauf hinzuweisen, welche speziellen Erfahrungen und Kenntnisse man gewonnen hat. Diese sogenannten Soft Skills sind für viele Personaler ein wichtiges Auswahlkriterium.

Es gilt, bei einem ausführlichen Lebenslauf auf die richtige Länge zu achten. Dabei gibt es zwar keine vorgeschriebene Vorgabe, jedoch sollte man 2 Din A-4 Seiten keinesfalls überschreiten. Will man die Länge des Lebenslaufs beschreiben, so ist die beste Formel: So kurz wie möglich, aber so ausführlich, wie nötig.

Der erste Eindruck ist maßgeblich

Wie bei so vielen Situationen im Leben ist auch beim ausführlichen Lebenslauf der erste Eindruck, den der Personaler erhält, ein wichtiges Kriterium bei der Entscheidung. Er bestimmt, ob der Personaler den Lebenslauf mit einer positiven oder negativen Einstellung betrachtet. Ist die Einstellung einmal negativ, so kann selbst ein guter Inhalt schwerer überzeugen. Deshalb sollte man sich für ein hochwertiges Papier entscheiden und einen Füllfederhalter benutzen. So entsteht ein gepflegteres Schriftbild, als mit dem Kugelschreiber. Wer lange nicht mehr mit einem Füllfederhalter geschrieben hat, sollte zunächst einmal auf einem anderen Stück Papier ein wenig üben, bis die Buchstaben schön und gleichmäßig auf das Papier fließen. Natürlich gilt es, so zu schreiben, dass die Handschrift leicht gelesen werden kann.

Beispiel für einen ausführlichen Lebenslauf

Als erstes sollte man sich in der Einleitung des Lebenslaufes zunächst einmal vorstellen. Das kann etwa so aussehen:

"Mein Name ist Max Muster. Ich wurde am 06.02.1989 in Köln geboren. Heute wohne ich in der Musterstraße 12 in 123456 Musterstadt. Tagsüber kann ich unter der Rufnummer 0241/123456789 erreicht werden."

Danach folgt der Hauptteil. Dieser sollte sich durch eine gute Gliederung auszeichnen. Das folgende Beispiel kann zur Inspiration dienen:

" Im Jahr 1997 legte ich am Gymnasium Musterstadt das Abitur ab. Eines meiner Hauptfächer war dabei Mathematik, da ich schon in jungen Jahren einen guten Kopf für Nummern hatte. Die Welt der großen Unternehmen und ihr Einfluss auf unsere Gesellschaft hat mich von jeher interessiert. Darum beschloss ich gleich nach dem Abitur Betriebswirtschaft zu studieren und erhielt auch gleich einen Studienplatz an der Universität Beispielstadt. Während des Studiums entdeckte ich auch meine Leidenschaft für das Reisen und eine gewisse Begabung für Fremdsprachen. So fasste ich den Entschluss, neben dem Studium meine in der Schule erworbenen Grundkenntnisse der englischen und französischen Sprache zu vervollkommnen und auch einen Spanischkurs zu belegen. Schließlich konnte ich nach meinem zweiten Studienjahr ein Auslandssemester in Paris absolvieren. Nach meinem Studienabschluss hatte ich den Wunsch, meine Kenntnisse noch weiter zu vertiefen und entschied mich daher ein MBA zu machen, das ich im Jahr 2003 an der Universität Beispielstadt erfolgreich abschließen konnte.

Im Januar 2004 erhielt ich eine Stelle als Junior Projektmanager bei der XY GmbH in Musterstadt. Hier konnte ich erste Berufserfahrungen sammeln und lernen, wie sich die erlernte Theorie in die Praxis umsetzen lässt. Als ich 4 Jahre später, im Jahr 2008 ein Angebot von dem 123 Unternehmen erhielt, eine Stelle als Projektleiter zu übernehmen, ergriff ich die Gelegenheit, mehr Verantwortung zu übernehmen und begann die neue Stelle im April des gleichen Jahres. Es handelte sich dabei um ein kleineres Unternehmen und ich hatte als Projektmanager viel freie Hand bei der Ausarbeitung einzelner Projekte und konnte dadurch einen wertvollen Erfahrungsschatz sammeln.

Im Januar 2012 wechselte ich zu der ABC GmbH, ebenfalls als Projektmanager. Dieses überregionale Unternehmen bot mir die Möglichkeit, innerhalb eines größeren professionellen Teams zu arbeiten und ich konnte von der Erfahrung der anderen Mitarbeiter sowie des Senior Projektmanagers viel lernen.

Mit diesen neuen Erfahrungen bewarb ich mich schließlich 2017 bei der ABC GmbH als Senior Projektmanager und trat die Stellung im November 2017 an. Bisher konnte ich hier verschiedene neue Projekte beginnen und mit viel Erfolg für das Unternehmen abschließen. Eine Stellung bei Ihnen als Senior Projektmanager reizt mich, da ich die nötigen Berufserfahrungen sammeln konnte und auch die Fremdsprachenkenntnisse mitbringe, um den Erfolg von Projekten bei einem internationalen Unternehmen zu garantieren."

In einen ausführlichen Lebenslauf gehören auch Informationen über zusätzliche Kenntnisse und Hobbies. Das kann wie folgt aussehen:

"Neben meinen Sprachkenntnissen in Englisch, Spanisch und Französisch bringe ich auch ausgezeichnete Sachkenntnisse im IT Bereich mit und bin mit allen Programmen von MS-Office bestens vertraut."

In meiner Freizeit spiele ich gerne Golf. Neben einem entspannenden Spiel bietet mir der Golfplatz immer wieder die Möglichkeit, mit Kollegen aus anderen Branchen zusammenzutreffen und Ideen auszutauschen. Auch lese ich gerne und halte mich auf diese Weise mit Fachliteratur stets auf dem neuesten Stand des Wissens."

Zum Schluss wird der Lebenslauf mit Ort, Datum und Unterschrift versehen.

Der ausführliche Lebenslauf im Fließtext sollte jedoch nur dann angefertigt werden, wenn er von einem potentiellen Arbeitgeber ausdrücklich angefordert wird. Ist das nicht der Fall, entscheidet man sich besser für den gebräuchlicheren tabellarischen Lebenslauf.

Kapitel VI: Die Dritte Seite der Bewerbung

In den letzten Jahren ist bei den Bewerbungen ein neuer Trend aufgekommen: Die sogenannte Dritte Seite. Der Zweck dieser zusätzlichen Seite ist es, besondere Informationen auf eine zusammenfassende Weise vorzustellen, von denen du glaubst, dass im Anschreiben und im Lebenslauf nicht genug Platz war, um sie entsprechend darzustellen. Du kannst dabei sowohl Hard Skills, als auch Soft Skills auflisten. Es gilt jedoch, darauf zu achten, dass diese mit deinem Lebenslauf übereinstimmen. Es sollten keine neuen Elemente, wie beispielsweise eine Studiensemester im Ausland, aufgenommen werden, die der Personaler im Lebenslauf nicht wiederfinden kann.

Diese Seite ist jedoch nicht verbindlich. Wenn du der Ansicht bist, dass du deine Fähigkeiten und Kenntnisse in den vorangegangenen Seiten bereits in ausreichender Form beschreiben konntest, so ist eine Dritte Seite nicht nötig.

Möchtest du bei deiner Bewerbung dem neuen Trend jedoch folgen, so kannst du nun erfahren, wie du diese Seite aufbauen solltest.

Gestaltung der Dritten Seite

Personaler haben in der Regel wenig Zeit und daher wohl oft auch nur eine geringe Motivation, deine Dritte Seite zu lesen. Darum solltest du sie mit einem Titel versehen, der sofort die Aufmerksamkeit erweckt und dazu einlädt, den folgenden Text anzuschauen. Diese Überschrift kann wie folgt lauten:

- "Warum gerade ich?"
- "Das sollten Sie über mich wissen"
- "Aus meiner Sicht"

Im Idealfall sollte die Dritte Seite nicht länger als 15 Zeilen lang sein. Nutze diese Seite, um deine Hardskills zusammenzufassen und deine Soft Skills zu unterstreichen. Erkläre auch, warum du gerne in dieser Position und bei diesem Unternehmen arbeiten möchtest. Hier kannst du ein menschliches Element einfließen lassen, das häufig im Anschreiben und im tabellarischen Lebenslauf keinen Platz findet.

Für wen lohnt sich eine Dritte Seite

Eine solche zusätzliche Seite ist bei Weitem nicht für jede Bewerbung geeignet. Bewirbst du dich beispielsweise für eine hohe Management Position und hast es in der Branche bereits zu einem gewissen Bekanntheitsgrad gebracht, so kann diese Seite geradezu lächerlich wirken. Dennoch gibt es einige Bewerber, die von einer solchen zusätzlichen Seite profitieren können. Diese sind zum Beispiel:

Auszubildende: Sie haben die Möglichkeit, auf der zusätzlichen Seite zu erklären, warum sie sich gerade für diesem Ausbildungsberuf entschieden haben und warum sie glauben, die richtigen Fähigkeiten dafür mitzubringen.

Berufseinsteiger: Wer sich um die erste Stelle in einer Junior Position bewirbt, hat meistens noch keine Berufserfahrung, die im Lebenslauf angeführt werden kann. Die Dritte Seite gibt in diesem Fall die Möglichkeit zu einer besseren Selbstdarstellung, mit der du unter Beweis stellen kannst, dass du mehr für deine Stelle mitbringen kannst, als nur die Schul- und Universitätsbildung.

Berufswechselnde: Die dritte Seite bietet die Möglichkeit, zu erklären, warum man sich zu diesem Schritt entschieden hat.

Quereinsteiger: Die Dritte Seite bietet Raum, um hervorzuheben, dass man Kenntnisse und Erfahrungen mitbringt, die auch in der neuen Schaffenswelt von Wert sind.

Initiativbewerber: Bei einer Initiativbewerbung solltest du keine Möglichkeit ungenutzt lassen, um deine Fähigkeiten in Bezug auf Hard Skills und Soft Skills hervorzuheben. Daher ist die Dritte Seite bei einer solchen Bewerbung auch wirklich sinnvoll und kann dazu beitragen, die Aufmerksamkeit des Personalers auf sich zu ziehen. Voraussetzung ist natürlich eine brillante Gestaltung, die eine echte Bereicherung für die Bewerbung darstellt.

Kapitel VII: Die Bewerbung für ein Praktikum – Hilfreiche Tipps

Bewirbt man sich für ein Praktikum, so gestaltet sich die Bewerbung ein wenig anders, als für eine Arbeitsstelle. Einer der Gründe dafür ist beispielsweise die Tatsache, dass ein Praktikant in der Regel seine Ausbildung noch nicht abgeschlossen und ebenfalls noch keine Berufserfahrung hat.

Das Praktikum steht heute hoch im Kurs. Ein theoretisches Studium ist zwar wichtig, doch legen die Betriebe auch viel Wert darauf, dass auch ein Berufseinsteiger bereits einige praktische Erfahrung besitzt und sich somit leichter in das Berufsleben integrieren kann. Bei einigen Studiengängen ist daher heute ein Praktikum Pflicht und auch für Schüler wird es immer interessanter, sich eine solche Berufserfahrung anzueignen, bevor sie auf Stellensuche gehen. So ist es kein Wunder, dass Praktikantenstellen heiß begehrt sind und oftmals zahlreiche Bewerbungen für eine freie Praktikantenstelle eingehen. Also heißt es auch bei einer Bewerbung für ein Praktikum mit einer überzeugend strukturierten Bewerbung zu punkten. Natürlich liegt für die meisten Praktikumsanwärter genau dort das Problem. Da sie noch keinerlei Erfahrung haben, ist es schwer, überzeugende Punkte für die Bewerbung zu finden. Doch ist es auch in diesem Fall möglich, eine Bewerbung zu verfassen, die den Personaler anspricht.

Wie auch bei einer normalen Bewerbung müssen die Elemente Anschreiben, Lebenslauf und Zeugnisse vorhanden sein. Der Lebenslauf wird natürlich eher kurz sein und sollte mit dem höchsten bisher erreichten Bildungsabschluss enden. Dieses Zeugnis wird dem Lebenslauf beigefügt.

Hat man bereits ein anderes Praktikum gemacht, so sollte dieses aufgeführt und nach Möglichkeit ein Zeugnis angefügt werden. Jeder Praktikant hat nach Abschluss seiner Tätigkeit das Recht auf ein Zeugnis.

Du solltest dir ein solches Zeugnis in jedem Fall ausstellen lassen, da es dir bei einer neuen Bewerbung sehr hilfreich sein kann.

Mit einem guten Anschreiben punkten

Ein gutes Anschreiben ist die beste Möglichkeit, um eine erfolgreiche Bewerbung für ein Praktikum zu verfassen. Viele Unternehmen zögern, eine Praktikantenstelle zu vergeben, da sie nicht sicher sind, welchen Nutzen ein solcher Mitarbeiter für den Betrieb bieten kann. Daher gilt es, den Personaler im Anschreiben davon zu überzeugen, dass man als Praktikant aktiv zum Erfolg des Unternehmens beitragen kann. Schreibt ein Unternehmen eine Praktikantenstelle aus, so wird meistens eine Unterstützung für eine spezielle Arbeit oder Projekt gesucht. Man sollte also im Anschreiben nicht nur die Motivation, diese Aufgabe erfüllen zu können hervorheben, sondern diese nach Möglichkeit auch begründen. Das kann man beispielsweise so gestalten:

"Bei unserer Schülerzeitung war ich zwei Jahre lang für die Anzeigen verantwortlich. Daher würde ich mich über die Gelegenheit freuen, bei einer lokalen Zeitschrift in der Anzeigenabteilung mitzuarbeiten und mit meiner eigenen Erfahrung zu einer Steigerung der Anzeigen beitragen zu können."

Oder

" Seit meinem 14. Lebensjahr habe ich in den Sommerferien regelmäßig im Blumengeschäft meiner Mutter gearbeitet und war dafür verantwortlich, telefonische Bestellungen anzunehmen. Dabei habe ich gute Fähigkeiten entwickelt, mit Kunden über das Telefon zu kommunizieren. Deshalb würde es mich reizen, in Ihrer Kundedienstzentrale beim Aufbau einer Hotline mitzuarbeiten und meine Fähigkeiten weiterhin auszubauen."

Oder

"Aus den lokalen Nachrichten habe ich erfahren, dass Ihr Unternehmen im Begriff steht, eine erweiterte Web Präsenz mit der Möglichkeit zur Online Bestellung für die Kunden einzurichten. Ich habe bereits seit einem Jahr meine eigene Webseite, auf der ich Fahrrad Accessoires verkaufe. Seitdem habe ich mich in meiner Freizeit intensiv mit dem Thema Online Marketing befasst und würde späterhin auch gerne beruflich in diesem Bereich tätig werden. Daher möchte ich gerne dazu beitragen, dass Ihre neue Webpage ein voller Erfolg wird."

Kapitel VIII: Bewerbung zur Ausbildung - Worauf kommt es an?

Auch für eine Ausbildung ist die Bewerbung das erste Kriterium, nach dem Bewerber ausgewählt werden. Besonders bei den beliebtesten Ausbildungsberufen, wie beispielsweise Bürokauffrau/-mann oder Zahnmedizinischer Fachangestellter gehen in den meisten Städten viele Bewerbungen für einen freien Ausbildungsplatz ein. Die Personalverantwortlichen studieren die einzelnen Bewerbungen und treffen ihre erste Auswahl basierend auf dem Eindruck, den sie von Anschreiben, Lebenslauf und Zeugnis erhalten. In der Praxis hat sich erwiesen, dass ein hoher Prozentsatz der Bewerber bereits auf Grund der ersten Bewerbung abgelehnt wird. Arbeitgeber geben in Deutschland viel für die Ausbildung neuer Arbeitskräfte aus. Daher ist es verständlich, dass sie nach Kandidaten suchen, die die richtigen Eigenschaften für den jeweiligen Beruf mitbringen und von denen angenommen werden kann, dass sie ihre Lehre auch beenden. Daher gilt es, darauf zu achten, eine Bewerbung zur Ausbildung so zu gestalten, dass sie sowohl von Inhalt, als auch von der Form tadellos ist. Es ist sinnvoll, die nötige Zeit aufzuwenden, eine wirkliche gute Bewerbung anzufertigen, wenn du dir Chancen auf Erfolg ausrechnen möchtest.

Wer sich darauf beschränkt, eine attraktive Vorlage zu kopieren, läuft Gefahr, dass zahlreiche Mitbewerber die gleiche oder eine ähnliche Vorlage gewählt haben. Mit dieser Methode wirst du dich also nicht von der Masse abheben können. Vielmehr solltest du auf Individualität setzen und dich in das rechte Licht rücken. Dabei sollte eine Überlegung zunächst dahin gehen, die Kernkompetenzen kennenzulernen, die für die gewählte Ausbildung nötig sind und welche deiner Erfahrungen oder speziellen Kenntnisse dich für diese Ausbildung besonders gut geeignet machen. Diese Überlegungen können natürlich auch dazu beitragen, dir selbst darüber klar zu werden, ob die gewählte Ausbildung wirklich für dich die Richtige ist.

Ein gutes Anschreiben ist ausschlaggebend

Ähnlich wie auch bei der Bewerbung zum Praktikum hast du in der Regel noch keine Berufserfahrung, so dass dein Lebenslauf auf die Schulbildung begrenzt ist und wahrscheinlich denen deiner Mitbewerber sehr ähnlich ist. Natürlich kannst du mit einem guten Schulabgangszeugnis punkten. Doch ist das Anschreiben in vielen Fällen das erste Dokument, das von der Personalabteilung in Augenschein genommen wird. Somit gilt es, ein Anschreiben aufzusetzen, mit dem du den Personaler davon überzeugen kannst, dass du der perfekte Anwärter für den Ausbildungsplatz bist.

Struktur des Anschreibens

Das Anschreiben für die Ausbildung wird genauso strukturiert, wie ein Anschreiben für eine andere Stelle. Zunächst werden also links oben dein vollständiger Name und die aktuelle Adresse angeführt und darunter der Name und die Adresse des Unternehmens, bei dem du dich bewirbst, sowie die Ansprechperson. Falls du nicht weißt, wer diese Person ist, solltest du das zuvor in Erfahrung bringen. Darunter werden auf der rechten Seite Ort und Datum eingefügt. Als Überschrift für das Anschreiben gilt der Betreff, der auf die folgende Weise gestaltet sein sollte:

" Bewerbung um Ausbildungsplatz als Einzelhandelskauffrau"

Bewirbst du dich bei einem Unternehmen, das mehrere Filialen unterhält, so solltest du auch den Namen der Filiale zufügen:

"Bewerbung um Ausbildungsplatz als Einzelhandelskauffrau in Aachen"

Oder

" Bewerbung um Ausbildungsplatz als Einzelhandelskauffrau in der Aachener Adalbertstraße"

Das nächste Element im Anschreiben ist die Anrede, wobei es wichtig ist, den Namen der Person zu kennen, die das Schreiben erhalten soll. In einer Stellenanzeige wird der Name der zuständigen Person oft angegeben. Sollte das nicht der Fall sein, so kann man bei dem Unternehmen anrufen, um den Namen der Ansprechperson in Erfahrung zu bringen. Eine direkte Anrede macht bei dem Anschreiben stets einen guten Eindruck und du kannst damit unter Beweis stellen, dass du ernsthaft an dem Ausbildungsplatz interessiert bist. So kannst du gegenüber einem Mitbewerber, der das Schreiben mit der Floskel: "Sehr geehrte Damen und Herren" einleitet, bereits einen wichtigen Pluspunkt sammeln.

Nach der Anrede, der immer ein Komma folgt, bist du nun für den ersten Satz des Anschreibens bereit. Dieser kann unter Umständen der wichtigste Satz in deiner ganzen Bewerbung sein. Er entscheidet nämlich darüber, ob der Personaler neugierig wird und weiterliest, oder deine Bewerbung gelangweilt zur Seite legt und sich einem interessanteren Bewerber zuwendet.

Interessante Einleitungssätze kannst du auf die folgende Weise gestalten:

" Dank meines Praktikums im vergangenen Jahr im zahntechnische
Labor XY bringe ich bereits einige Berufserfahrung für die Ausbildung
zum Zahnmedizinischen Fachangestellten mit."

"Seit meiner Kindheit war es für mich stets eine Freude, in den Ferien
in der KFZ Werkstatt meines Vaters mitarbeiten zu dürfen. Autos und
Motoren sind meine Leidenschaft und es ist für mich seit Langem klar,
dass eine Ausbildung als Automechaniker für mich der richtige Weg
ist."

"Der Beruf des Fachinformatikers weckt seit Langem mein Interesse, da
ich mich in meiner Freizeit seit Jahren intensiv mit Computern
beschäftige und nun die Möglichkeit sehe, ein geliebtes Hobby in einen
Beruf zu verwandeln."

In der weiteren Gestaltung des Anschreibens solltest du auch auf das
Unternehmen eingehen, um dem Personaler zu beweisen, dass du dich
für die Firma interessierst. Ein guter Ansatz dazu ist es, sich auf der
Webseite des Unternehmens über die generelle Philosophie und das
genaue Tätigkeitsfeld zu informieren. Diesen Teil deiner Anschrift
kannst du etwa so gestalten:

"Die Muster GmbH ist in unserer Region eines der modernsten
Unternehmen im Bereich der Zahnmedizin. Darum bin ich überzeugt,
dass ich mit einer Ausbildung bei Ihnen einen best-möglichen Start in
das Berufsleben erhalten kann."

Hast du einmal zum Ausdruck gebracht, warum das Unternehmen für
dich ideal ist, so gilt es, zu manifestieren, warum du gleichfalls ideal für
die Ausbildungsstelle im Unternehmen bist. Das fällt vielen
Auszubildenden schwer, da man schließlich während der Schullaufbahn
nur wenige Erfahrungen gesammelt hat, die sich von denen anderer

Bewerber unterscheiden. Es kann hilfreich sein, wenn du bereits ein Praktikum absolviert hast. Wenn du in deinem Anschreiben ein Praktikum, oder auch deine Lieblingsfächer in der Schule einfügen möchtest, so solltest du darauf achten, dass diese eine Relation zu der gewählten Ausbildung haben. Weißt du beispielsweise gute Noten in Erdkunde auf, so ist das wenig relevant, wenn du dich als Konditor ausbilden lassen willst. Für einen Ausbildungsplatz als Reisekaufmann/-frau kann es hingegen eine wichtige Information sein. Hast du ein Praktikum beispielsweise bei einem Frisör absolviert, so solltest du dieses nicht erwähnen, wenn du dich für eine Ausbildung bei einer Bank bewirbst. Du musst also von Fall zu Fall abschätzen, welche deiner Erfahrungen, Hobbies oder Stärken zu der von dir gewünschten Ausbildung passen. Nur die wirklich relevanten Informationen sollten auch in deiner Bewerbung erwähnt werden, so dass sie dazu beitragen, den Personaler von deiner Eignung zu überzeugen. Diesen Teil des Anschreibens kannst du als eine kleine Vorstellung etwa in der folgenden Weise gestalten:

"Derzeit besuche ich die 12. Klasse des XY Gymnasiums in Aachen und werde im Sommer dieses Jahres mein Abitur machen. Während eines Praktikums in der ABC Firma konnte ich eine erste Berufserfahrung im Bereich der Informatik sammeln, die mich weiterhin darin bestärkt haben, das Arbeiten mit Computern zu meinem Beruf zu machen. Eines meiner Lieblingsfächer in der Schule ist Mathematik, ich kann gut mit Zahlen und Formeln umgehen und habe eine schnelle Auffassungsgabe. Ich bin sicher, dass diese Eigenschaften mir bei der Ausbildung zum Fachinformatiker in Ihrem Unternehmen hilfreich sein werden."

"Im Moment besuche ich die letzte Klasse der Realschule und stehe kurz vor meinem Abschluss. Während meiner Schulzeit sind Kunst und Textilgestaltung stets meine Lieblingsfächer gewesen und ich habe mich auch in meiner Freizeit mit kunsthandwerklichen Hobbies beschäftigt. Daher gehört die Ausbildung zum Raumausstatter seit langem zu meinem Traum für meine berufliche Zukunft."

"Nach meinem Abitur vor 15 Monaten habe ich ein Jahr als Au-pair in England verbracht und konnte meine englischen Sprachkenntnisse dabei perfektionieren. Der Kontakt mit Menschen in anderen Kulturbereichen macht mir viel Freude und ich bin daher überzeugt, dass ich für eine Ausbildung als Fremdsprachenkorrespondentin in Ihrem Unternehmen ausgezeichnet geeignet bin."

Nachdem du alle wichtigen Informationen in das Anschreiben eingebracht hast, musst du noch einen passenden Schluss finden. Dazu eignen sich Sätze wie:

- "Für ein persönliches Gespräch stehe ich Ihnen jederzeit gerne zur Verfügung."
- "Ich freue mich auf ein persönliches Bewerbungsgespräch."
- "Bei einem persönlichen Termin können wir weitere Einzelheiten besprechen."

Schließlich beendest du das Anschreiben mit einer abschließenden Grußformel und deiner Unterschrift.

Kapitel IX: Der Einfluss der sozialen Medien auf eine Bewerbung

Die sozialen Medien bieten heute eine wunderbare Art, um mit Freunden und Bekannten in Kontakt zu bleiben und sie mit unterschiedlichen Posts auf das eigene Leben auf dem Laufenden zu halten. Ein öffentliches Profil bei Facebook und Co bietet allerdings auch dem Personaler eine ausgezeichnete Möglichkeit, einen Blick hinter die Kulisse der Bewerbung zu werfen und einen Kandidaten näher kennenzulernen. Natürlich wird nicht jeder Personaler diese Möglichkeit nutzen und auf jeden Fall kann man davon ausgehen, dass nur dann ein Blick auf das Facebook Profil des Bewerbers geworfen wird, wenn die Bewerbung bereits Interesse gefunden hat.

Bewirbt man sich für eine Stelle, so sollte man die Möglichkeit immer vor Augen haben, dass die sozialen Medien einen Einblick in persönliche Meinungen und die eigene Lebensweise zulassen. Darum sollte darin auch nichts zu finden sein, was einen Personaler dazu bewegen könnte, eine Bewerbung abzulehnen.

Facebook und Lebenslauf sollten harmonieren

Für die meisten Menschen dürfte es kein großes Problem sein, die sozialen Medien so zu strukturieren, dass sie der Persönlichkeit, die man bei der Bewerbung darstellen möchte, reflektieren. Meistens sucht man ja eine Stelle, die den eigenen Interessen und Ideen entspricht. Dennoch lohnt sich ein zweiter Blick auf die sozialen Medien. Dazu solltest du versuchen, beispielsweise dein Facebook Profil mit den Augen eines Personalers zu betrachten. Vielleicht gibt es doch das eine oder andere Foto, das besser entfernt werden sollte. Und vielleicht hast du auch auf das eine oder andere Ereignis mit einer recht heftigen Meinung reagiert, die du bei Facebook veröffentlicht hast und die vielleicht nicht ganz zu deiner sonstigen Verhaltensweise passt. Es heißt also, die letzten Fotos und Einträge einmal durchzusehen, sie zu bewerten und, falls notwendig, zu löschen.

Was solltest du aus deinem Facebook Profil entfernen?

Was in Facebook geht und was unbedingt gelöscht werden sollte, hängt natürlich in großem Maße von der Art der Stellung ab, für die du dich bewerben wirst. Als Angestellter repräsentierst du dein Unternehmen in gewissem Maße. Somit sollte nicht dein persönliches Erscheinungsbild, sondern auch deine online Präsenz mit der Grundhaltung des Unternehmens übereinstimmen.

Einige Unternehmen sind grundsätzliche konservativer, als andere. Das gilt beispielsweise für den Finanzsektor. Generell kannst du davon ausgehen, dass dein Facebook Profil einen konservativen Charakter haben sollte, wenn du dich um eine Stelle bewirbst, bei der du in formeller Kleidung, also in Anzug und Krawatte oder im schlichten Business Kostüm arbeiten wirst. Für eine solche Stelle solltest du die lustigen Fotos von der durchtanzten Nacht in der Disco lieber in einen Ordner verbannen, zu dem nur du Zugang hast und auch die Fotos vom gewagten Bikini aus dem letzten Urlaub im Süden sollten vorsichtshalber entfernt werden.

Etwas anders gestaltet sich die Situation, wenn du dich um einen Job in der Kreativbranche bewirbst. Zwar sollten deine Fotos immer noch den guten Sitten entsprechen, doch wird ein Foto von deinem neuen Tattoo am Fußgelenk oder von deinem Irokesenschnitt vor zwei Jahren eher als Beweis deiner Kreativität bewertet und wirkt nicht negativ.

Darüber hinaus solltest du auch auf die Firmenphilosophie achten. Bewirbst du dich bei einem Unternehmen, das vegane Produkte vermarktet, so hast du dich wahrscheinlich schon in deinem Anschreiben positiv über die vegane Lebensweise geäußert. Die Fotos von deinem letzten BBQ mit Steaks und Rippchen sollten daher nach Möglichkeit aus deinem Facebook Profil verschwinden, ebenso wie das Foto von der schicken Jacke aus Echtleder, zu dem du lobende Bemerkungen gemacht hast.

Solltest du aus irgendeinem Grund in der Vergangenheit negative Mitteilungen über das Unternehmen, bei dem du dich nun bewerben wirst, auf Facebook geteilt haben, so müssen diese schnellsten gelöscht werden, ebenso wie Werbung für Konkurrenzunternehmen.

Grundsätzlich sollten alle Angaben im Anschreiben und im Lebenslauf immer der Wahrheit entsprechen. Doch manchmal wird ein wenig gemogelt. So wird aus einem Sprachkurs in New York für drei Wochen schon einmal ein: "Den ganzen letzten Sommer habe ich bei einem intensiven Sprachkurs in New York verbracht". In diesem Fall solltest du sicherstellen, dass aus deinem Facebook Profil nicht das An- und Abreisdatum hervorgehen und auch die Sommerbilder mit den Freunden am Strandbad am Wannsee, die in diesen Zeitraum fallen, sollten aus dem Profil verschwinden.

Was wirkt positiv in den sozialen Medien?

Facebook und andere Medien geben dir aber auch die Möglichkeit, ein positives Bild darzustellen, das deine Bewerbung auf positive Weise beeinflussen kann. Daher empfiehlt es sich auch, die eigenen Profile bei den sozialen Medien langfristig in einer Weise zu strukturieren, die ein positives und professionelles Image schafft. Man sollte also solche Interessen und Bilder hochladen, die zu einer Persönlichkeit gehören, die man auch bei einer Stellensuche gerne vorzeigen wird. Dazu gehören beispielsweise Bilder, die den Bewerber in professionellen Situationen zeigen, beispielsweise den Ingenieur auf einer Baustelle oder die Lehrerin in einer Gruppe von Schülern. Auch Fotos und andere Posts, die auf Hobbies wie Sport oder kulturelle Aktivitäten hinweisen, hinterlassen einen positiven Eindruck.

Viele Personaler sind heute ausgebildete Psychologen und sie haben über das Offensichtliche hinaus durchaus ihre eigene Weise, um ein Profil bei den sozialen Medien zu bewerten. Das Hochladen von vielen Selfies wird beispielsweise kritisch bewertet und mit einer Ich-Bezogenen, schwachen Persönlichkeit in Verbindung gebracht. Auch die ständige Präsenz auf den sozialen Medien zu privaten Zwecken wird nicht immer günstig beurteilt. Sie lässt nämlich auf ein unausgefülltes Leben mit schwachen, persönlichen Kontakten schließen. Wer hingegen hin und wieder ein Foto im Familie- oder Freundeskreis hochlädt, das auf unterschiedliche gemeinsame Aktivitäten schließen lässt, kann einen positiven Eindruck erzielen.

Karriere Netzwerke nutzen

Die Karriere Netzwerke werden heute beliebter bei allen, die auf der Suche nach Personal sind. Sollen neue Mitarbeiter gefunden werden, so wenden sich immer mehr Personaler diesen Netzwerken zu, um den geeigneten Kandidaten zu finden. Darum lohnt es sich, auf solchen Netzwerken ein eigenes Profil zu unterhalten und dieses zu pflegen. Dazu gehört eine aktuelle Vita ebenso, wie das Knüpfen von neuen Kontakten. Es kann nie zu früh sein, professionelle Kontakte zu knüpfen und schon bei einem Praktikum lohnt es sich, interessante neue Kontakte in ein solches Netzwerk aufzunehmen. Sie können bei späteren Bewerbungen und auch beim beruflichen Ideenaustausch von wertvoller Hilfe sein.

Wer sich nicht sicher ist, wo im Netz unerwünschte Information zur eigenen Person auftauchen könnten, kann sich selbst einfach einmal Googlen und sehen, welche Resultate wohl zu finden sind. Auch eine Bildersuche sollte man dazu nicht vergessen. Findet man Informationen oder Bilder, die man gerne gelöscht sehen möchte, so gibt es dazu verschiedene Möglichkeiten. Die einfachste Möglichkeit ist es, zunächst einmal den Besitzer der Domain anzuschreiben, auf dem Bilder oder Informationen zu finden sind und ihn zu bitten, diese zu löschen. Sollte diese Möglichkeit zu keinem Resultat führen, so gibt es auch spezielle Agenturen, die sich auf das Löschen von unerwünschten Informationen im Internet spezialisiert haben. Das kann zwar teuer kommen, kann die Mühe jedoch durchaus Wert sein.

Kapitel X: Zehn wichtige Tipps für eine erfolgreiche Bewerbung

Viele Jobsuchende teilen die gleichen Wünsche. Endlich aus einem ungeliebten Arbeitsverhältnis entkommen und sich einem Job widmen, von dem man schon immer geträumt hat oder eine feste Stellung zu finden und der Arbeitslosigkeit zu entfliehen, das sind die Gründe, die immer wieder zu einer Jobsuche Anlass geben. Doch ist es gar nicht so einfach, eine erfolgreiche Bewerbung zu kreieren. Wichtig ist, dass man sich durch Absagen nicht entmutigen lässt. Es wird immer wieder eine neue Gelegenheit geben, um den richtigen Job zu finden. Die folgenden Tipps geben dir ein paar praktische Anregungen, wie du dazu beitragen kannst, dass deine Bewerbung hohe Chancen auf Erfolg hat.

1. Die beste Zeit für die Bewerbung

Statistische Untersuchungen haben ergeben, dass der Tag und die Uhrzeit, an dem ein Bewerbungsschreiben in der Mailbox des Personalers eingeht, tatsächlich einen Einfluss auf die Erfolgschancen des Bewerbers haben. Viele Jobsuchende schreiben ihre Bewerbung am Wochenende, wenn sie frei von anderen Verpflichtungen sind. Dagegen ist prinzipiell auch nichts einzuwenden. Doch sollte man die Unterlagen nach Möglichkeit nicht umgehend abschicken. Oft ist nämlich die Inbox nach dem Wochenende mit zahlreichen Mails gefüllt, so dass deine Bewerbung möglicherweise in der Flut von zu bearbeitenden Dokumenten untergeht. Besser ist es also, bis zum Montagmittag oder bis zum Dienstag zu warten, bevor du deine Bewerbung absendest. Auch gibt es Statistiken für die beste Uhrzeit. Diese ergeben, dass die Chancen, eine Einladung zu einem persönlichen Gespräch zu erhalten, am höchsten liegen, wenn die Bewerbung zwischen 6 und 10 Uhr morgens beim Personaler eingeht. Die Wahrscheinlichkeit fällt über den ganzen Tag hinaus ab und erreicht schließlich ihren Tiefstpunkt bei Schreiben, die nach 19 Uhr eingehen. Diese verzeichnen nur noch eine Erfolgsquote von drei Prozent. Dieses Zeitschema macht natürlich nur bei einer online oder E-Mail-Bewerbung Sinn.

Verschickt man die Bewerbung auf dem klassischen Weg mit der Post, so kann man nicht beeinflussen, zu welcher Zeit sie auf dem Schreibtisch des Personalers landen wird.

2. Vorstellungstermin auf einen Donnerstag legen

Ähnliche Zeitberechnungen funktionieren auch, wenn es um den besten Tag für das Vorstellungsgespräch geht. Erhält man die ersehnte Einladung zum Vorstellungsgespräch, so werden meistens einige Terminvorschläge angeboten. Falls möglich, versuche deinen Termin auf einen Mittwoch, oder noch besser auf einen Donnerstag zu legen. Montag sowie Freitag sind die schlechtesten Tage. Am Montag ist man meistens noch nicht mit dem Herzen bei der Arbeit. Die Gedanken schweifen ab und der Personaler wird sich nur wenig auf dein Vorstellungsgespräch konzentrieren. Gehörst du zu den ersten Kandidaten der Woche, so hat er noch keine Vergleichsmöglichkeiten und reagiert oft kritischer. Am Freitag hingegen hat er seine Wahl unter Umständen schon getroffen und ist mit den Gedanken längst im Wochenende. Somit steht es schlecht um deine Erfolgsaussichten. Mittwochs und donnerstags hingegen hat er bereits einige Kandidaten interviewt und ist nach Erfahrungswerten milder gestimmt. Der Morgen, noch bevor der Wunsch nach der Mittagspause aufkommt, erweist sich dabei generell als die beste Uhrzeit.

3. Verbanne die Mitbewerber aus deinen Gedanken

An der Universität von Haifa wurde eine interessante Studie durchgeführt, aus der hervorgeht, dass Menschen sich in kompetitiven Situationen mehr anstrengen, wenn sie sich einer kleineren Zahl von Mitbewerbern gegenübergestellt wissen, als wenn sie mit einer großen Zahl von Konkurrenten konfrontiert sind. Daher solltest du dir keine Gedanken darüber machen, wie viele andere Personen sich um die gleiche Stelle bewerben, sondern dich lediglich auf dich und dein Vorstellungsgespräch konzentrieren.

4. Jobsuche Frühzeitig beginnen

Viele Menschen machen den Fehler, erst dann mit einer Jobsuche zu beginnen, wenn sie den alten Arbeitsplatz bereits verloren haben. Eine Jobsuche braucht jedoch Zeit. Wenn man im Job unzufrieden ist, oder der Arbeitsvertrag in absehbarer Zeit ablaufen wird, solltest du so schnell wie möglich nach einem neuen Job suchen. Wenn du arbeitslos wirst, so hat das für dich nicht nur unmittelbare finanzielle Folgen, es erschwert dir auch die Jobsuche. Wenn du noch in einem nicht gekündigten Arbeitsverhältnis stehst, hast du eine wesentlich bessere Ausgangsposition, um dein neues Gehalt zu diskutieren. Längere Arbeitslosigkeit führt außerdem zu Lücken im Lebenslauf, die bei Personalern nicht gerne gesehen werden. Es ist durchaus möglich, dass sich der Personaler auf Grund deiner Arbeitslosigkeit lieber für einen anderen Kandidaten entscheidet.

5. Aktiv bleiben

Sollte man dennoch arbeitslos werden, so gilt es, die Zeit, während man auf Jobsuche ist, gewinnbringend einzusetzen. Fortbildungskurse, Seminare und Weiterbildung sind ideal, um die Lücken im Lebenslauf zu ergänzen und dem Personaler zu beweisen, dass man sich durch das Erwerben von neuen Kenntnissen bestens auf eine neue Stellung vorbereitet hat. Fortbildungskurse sind im Übrigen auch eine gute Idee, wenn man nicht arbeitslos ist. Sie beweisen nämlich, dass man nicht auf dem alten Stand seines Wissens stehengeblieben ist, sondern sich auch mit neuer Technologie oder modernen Strategien auskennt.

6. Jobsuche auf verschiedene Weisen gestalten

Heute stehen dem Jobsuchenden zahlreiche Möglichkeiten zur Verfügung, um eine Stelle zu finden. Die online Jobbörsen sind dabei die beliebteste Art, um nach einer neuen Stellung zu suchen. Doch solltest du beispielsweise auch die Social Media Plattformen nutzen. Viele Unternehmen informieren in ihren Profilen, wenn sie eine neue Stelle ausschreiben. So kannst du deine Bewerbung unter Umständen schon abschicken, bevor die Stelle auf der Jobbörse zu finden ist. Darüber hinaus kannst du auch selbst ein professionelles online Profil erstellen, so dass Unternehmen die Gelegenheit haben, dich zu finden.

7. Unbedingt ein Bewerbungsfoto einreichen

Das Bewerbungsfoto muss heute nicht mehr unbedingt zu den Bewerbungsunterlagen gehören. Niemand darf wegen seines Aussehens oder ethnischen Zugehörigkeit benachteiligt werden, die natürlich auf dem Bewerbungsfoto klar zu erkennen wäre. Umfragen bei Personalern haben jedoch ergeben, dass Bewerbungen mit Fotos stets bevorzugt werden. Das liegt daran, dass sich der Personaler durch das Bild eine bessere Vorstellung von dem Kandidaten machen kann und neben einer Ansammlung von Dokumenten auch den Menschen vor sich sieht. Darum sollte man auf das Bewerbungsfoto keinesfalls verzichten und darauf Wert legen, ein korrektes, hochwertiges Foto speziell für die Bewerbung aufnehmen zu lassen.

8. Kriterien zur Auswahl von Arbeitszeugnissen

Bei einer langjährigen Berufserfahrung sammelt man schnell eine ganze Reihe von Zeugnissen an. Diese sollten der Bewerbung jedoch nicht alle beigefügt werden. Das Zeugnis von dem höchsten erreichten Bildungsstand sollte beigelegt werden. Sowie eine Auswahl von drei bis vier Arbeitszeugnissen. Dabei gilt es, zunächst nach der Relevanz für die neue Stelle zu wählen. Darüber hinaus sollte man aber auch darauf achten, dass en Zeugnis in der korrekten Form ausgestellt und auf Papier mit dem Briefkopf des Arbeitgebers gedruckt ist. Auch ist es besser, nur solche Arbeitszeugnisse zu wählen, in denen die eigenen Fähigkeiten und Kenntnisse auf eine realistische Weise beschrieben werden. Die Bestätigung deiner Kompetenzen sollte außerdem möglichst mit den Anforderungen für die neue Stelle übereinstimmen. Referenzen und Empfehlungsschreiben können eine Alternative zu Arbeitszeugnissen darstellen, die du nicht außer Acht lassen solltest.

9. Rückfragen stellen

In der letzten Phase des Vorstellungsgesprächs erhältst du die Möglichkeit, Rückfragen zu stellen. Diese Gelegenheit solltest du unbedingt nutzen und einige intelligente Fragen stellen. Wer nicht fragt, signalisiert damit Desinteresse oder übertriebene Schüchternheit und kann sich damit um die Chance bringen, die Stellung zu erhalten. Befasse dich daher vor dem Einstellungsgespräch unbedingt näher mit dem Unternehmen, so dass du deinen Fragen einige Tiefgründigkeit verleihen kannst. Sind deine Fragen zu oberflächlich, weiß der Personaler schnell, dass du dich nicht wirklich mit dem Unternehmen beschäftigt hast. So kann die Stelle schnell an einen Mitbewerber gehen, der mehr Interesse gezeigt hat.

10. Überlasse dem Personaler das Wort

Der Schlüssel zu einem erfolgreichen Bewerbungsgespräch besteht nicht unbedingt darin, selbst so viel wie möglich zu reden. Natürlich werden viele Fragen gestellt, die du möglichst genau beantworten solltest. Doch geht es in diesem Gespräch darum, den Personaler für dich einzunehmen. Das kann oft geschehen, indem du ihn durch subtile Fragen dazu anleitest, ein wenig über das Unternehmen und vielleicht auch seine eigene Erfahrung zu erzählen. Mache dabei auch Komplimente, so dass der Personaler das Gespräch mit dir in positiver Erinnerung behält.

Kapitel XI: Das Bewerbungsgespräch - So kann man sich vorbereiten

Hat man die eigenen Profile in den sozialen Medien optimiert und eine geschickt angelegte Bewerbung verfasst und eingereicht, darf man auf eine Einladung zu einem Bewerbungsgespräch hoffen. Eine solche Einladung erfolgt in der Regel entweder per E-Mail oder auch telefonisch. Daher solltest du deine E-Mail, inklusiv Spam-Datei regelmäßig überprüfen und auch dafür sorgen, dass du telefonisch konstant erreichbar bist. Ist es nun soweit und du hast einen Termin zum Bewerbungsgespräch erhalten, so heißt es, sich gut vorzubereiten.

Eine gewisse Nervosität lässt sich vor einem solchen Gespräch kaum vermeiden. Doch wenn man sich gut vorbereitet, stärkt man die Selbstsicherheit und kann im Gespräch einen guten Eindruck machen. Die Vorbereitung ist also ein wichtiger Schritt auf dem Weg zum Traumjob.

Informationen über das Unternehmen einholen

War es schon im Anschreiben wichtig, die eigenen Kenntnisse über das Unternehmen, bei dem du dich bewirbst, einfließen zu lassen, so ist es beim Bewerbungsgespräch unerlässlich, dass du Kenntnisse über deinen potentiellen Arbeitgeber zeigst. In welcher Branche ist der Arbeitgeber tätig und welche Produkte oder Dienstleistungen werden angeboten? Lerne die wichtigsten Konkurrenten kennen und informiere dich über Gemeinsamkeiten und Unterschiede. Wichtig ist es auch, die Philosophie des Unternehmens kennenzulernen und in Erfahrung zu bringen, wie viele Mitarbeiter beschäftigt sind. Die Informationen zum Unternehmen kannst du in der Regel ganz einfach der Homepage entnehmen. Wenn du einige dieser Informationen in das Bewerbungsgespräch einfließen lassen kannst, signalisierst du deinem Gesprächspartner damit, dass du dich wirklich mit dem Unternehmen und deinem möglichen Beitrag zum geschäftlichen Erfolg befasst hast.

Selbstpräsentation - Was ist das?

Nach der ersten Begrüßung wird der Personaler den Bewerber in der Regel dazu auffordern, etwas über sich selbst zu erzählen. Das geschieht oft mit der Idee, die erste Spannung ein wenig zu lösen, aber natürlich auch, um Dinge über den Bewerber zu erfahren, die über die Bewerbungsunterlagen hinausgehen. Das ist schließlich der Sinn des Bewerbungsgespräches. Daher solltest du eine kleine Selbstpräsentation vorbereiten, die nicht länger als zwei bis drei Minuten dauern sollte. Es geht darum, nicht einfach den Lebenslauf herunterzuleiern, den hat der Personaler schließlich vor sich auf dem Schreibtisch. Vielmehr solltest du auf die markantesten Situationen deines Lebens eingehen, die von der höchsten Relevanz für die Stelle sind. Denke dabei daran, stets einen roten Faden beizubehalten, so dass einzelne Ereignisse in logischer Weise verbunden werden können. Auch ist es gut, beispielsweise bei einem früheren Arbeitgeberwechsel einen Grund anzugeben. Deine Sachkenntnisse, die Erfahrungen die du in der Praxis gesammelt hast und die bei der neuen Stelle hilfreich sein können, sollten bei dieser Selbstvorstellung ebenfalls klar erwähnt werden.

Welche Fragen werden gestellt?

Jedes Bewerbungsgespräch verläuft anders und hängt viel von dem persönlichen Stil des Personalers ab, der das Interview führt. In jedem Falle sind jedoch Fragen zu erwarten. Diese zielen darauf ab, mehr über deine fachlichen Qualifikationen zu erfahren und auch über deinen Umgang mit Mitarbeitern und Vorgesetzten. Manchmal werden auch sogenannte Stressfragen gestellt. Währen der Fragen solltest du stets die

Ruhe bewahren und dich gelassen zeigen. So kannst du die besten Antworten geben.

Allgemeine Fragen:

- Was sind deine Kernkompetenzen, die dich als den besten Anwärter für die Stelle auszeichnen?
- Wenn es im Team Konflikte gibt, wie ist deine Haltung?
- Was ist wichtiger für dich, Karriere oder Familie?
- Bist du ein Team Player oder arbeitest du lieber allein?
- Welcher Punkt war entscheidend, als du dich für diese Bewerbung entschieden hast?

Stressfragen:

- Welche Eigenschaft konntest du an deinem letzten Chef nicht ausstehen?
- Wie schwer ist für Dich Fremdsprache xy?

Mögliche Fragen je nach Fachgebiet:

In jeder Branche und bei jedem Beruf werden die Standardfragen ein wenig unterschiedlich gestellt. Wir haben einige Fragen zu ein paar Beispielbereichen aufgelistet, um dir einen Überblick geben zu können, was du erwarten solltest.

Systemadministration

- Was war das schwerste PC Problem, mit dem du dich auseinandersetzen musstest und wie konntest du es lösen?
- Du musst eine Systemleistung überwachen. Welche KPIs verwendest du und wie?

Jura und Rechtswesen

- Warum hast du Jura studiert?
- Warum hast du dein erstes Staatsexamen erst im zweiten Versuch bestanden?
- Beschreibe, was man unter gestörter Gesamtschuld versteht.

Personalwesen

- Wie motivierst du dein Team?
- Welche Strategie wendest du bei schwierigen Mitarbeitern an?
- Hast du Erfahrung bei der Lösung von Konflikten, die zwischen Mitarbeitern entstehen können?
- Wie weißt du, ob dein Lösungsansatz bei einem bestimmten Konflikt funktionieren wird?

Grafikdesign

- Was war der Schwerpunkt bei deiner Ausbildung und weshalb hast du ihn gewählt?
- Welche bekannten Designer haben dich am meisten beeinflusst?

Supply Chain Management

- Welche Schritte würdest du zur Prozessoptimierung einleiten?
- Wie ist deine Handlungsweise, wenn ein Produkt nicht wie geplant angeliefert wird?

Verkauf

- Wie gehst du mit der Beschwerde eines unzufriedenen Kunden um?
- Wie findest du Argumente, um das Produkt X zu verkaufen?

Fragen zu Hause üben

Besonders wenn du noch nicht viel Erfahrung mit Vorstellungsgesprächen hast, lohnt es sich, zu Hause vor dem Gesprächstermin einfach einmal einige Fragen zu üben. Dazu kannst du einen Freund und Familienmitglied eine Liste mit Fragen aufzustellen, und sie dir in einer Simulation des Bewerbungsgespräches zu stellen. Auf diese Weise kommen deine Antworten nach ein paar Trainingsrunden immer leichter und entspannter und wenn du schließlich während des wirklichen Bewerbungsgesprächs der Fragen Situation gegenüberstehst, bist du wesentlich gelassener und in der Lage, schlüssige Antworten zu geben.

Gelassenheit ist der wichtigste Schlüssel, um das Bewerbungsgespräch erfolgreich zu absolvieren. Wenn du die Nerven behältst und dich voll auf das Gespräch konzentrierst, so hast du die besten Chancen, einen positiven Eindruck zu machen.

Am Ende des Gesprächs hast du die Gelegenheit, auch von dir aus Fragen zu stellen. Es ist eine gute Idee, sich über bestimmte Themen zu interessieren, da diese Haltung dein Interesse zum Ausdruck bringt und auch dein Vertrauen, den Job zu erhalten. Einige Fragen, die du stellen kannst, sind beispielsweise:

- Kann ich an Schulungen und Weiterbildungsmöglichkeiten des Unternehmens teilnehmen?
- Welche Zusammenarbeit besteht zwischen den einzelnen Abteilungen?
- Wie gestaltet sich die Einarbeitungszeit?
- Welches sind die Ziele des Unternehmens für das kommende Jahr?
- Gibt es spezifische Probleme, die von mir gelöst werden sollen?
- Gibt es Aufstiegsmöglichkeiten?
- Was erwarten Sie von den richtigen Kandidaten für diese Stelle?

- Was sind die wichtigsten Eigenschaften Ihrer besten Mitarbeiter?
- In welcher Zeit kann ich mit einer Entscheidung rechnen?

Perfekte Organisation für den Tag des Bewerbungsgesprächs

Es ist empfehlenswert, den Tag für das Bewerbungsgespräch gut durchzuorganisieren, so dass der Tagesablauf gut klappt und du keinen zusätzlichen Stress aufbaust. Dazu müssen einige Punkte bedacht werden.

Anreise

Wie kompliziert sich die Anfahrt gestalten wird, hängt natürlich in erster Linie davon ab, wie weit das Unternehmen von deinem Wohnort entfernt liegt. Wird das Bewerbungsgespräch in deiner Stadt abgehalten, so suche dir die besten Bus- oder Straßenbahnverbindungen heraus und studiere den Fahrplan, so dass du dein Haus rechtzeitig verlässt. Wenn du mit dem Auto fährst, fahre die Strecke möglichst vorher schon einmal ab, so dass du genau weißt, wie viel Zeit du brauchst.

Überlege dir Ausweichruten für den Fall eines Staus und bring ebenfalls in Erfahrung, wo du parken kannst.

Musst du für dein Bewerbungsgespräch in eine andere Stadt reisen, so ist die Planung noch maßgeblich. Suche dir die Bahnverbindungen heraus und kläre auch, wie du vom Bahnhof zur Adresse deines Arbeitgebers kommst.

Bei einer größeren Entfernung oder einem Termin am Morgen kann es nötig sein, in der Stadt des Arbeitgebers zu übernachten. Buche in diesem

Fall ein Hotel, das in der Nähe des Unternehmens liegt und finde heraus, mit welchen Transportmitteln du es vom Hotel aus erreichen kannst.

Das passende Outfit für das Bewerbungsgespräch zusammenstellen

Die Kleidung, die du für dein Bewerbungsgespräch wählst, vermittelt einen ersten Eindruck, wenn du das Büro des Personalers betrittst. Darum solltest du sie auch sorgfältig zusammenstellen. Bewirbst du dich bei einer Bank, einer Versicherung oder einem ähnlich konservativen Unternehmen, so liegst du mit einem Anzug, beziehungsweise einem Business Kostüm in gedeckter Farbe immer richtig. Eine solche Kleidung kann jedoch beispielsweise in der Kreativbranche viel zu streng wirken und dich in ein ungünstiges Licht setzen. Die Kleidung, die du zum Bewerbungsgespräch trägst, sollte in etwa der Garderobe angepasst sein, die du auch im Arbeitsalltag tragen wirst.

Bist du vollkommen im Unklaren über den Dresscode bei dem Unternehmen, so kannst du auf der Homepage des Unternehmens nachschaue, wie die Mitarbeiter auf den Bildern gekleidet sind oder einfach anrufen und nachfragen. Das ist in jedem Falle besser, als vollkommen falsch gekleidet zum Interview zu kommen. Trägst du einen dunklen Nadelstreifenanzug und der Personaler Jeans mit offenem Hemd, oder umgekehrt, so beginnt das Gespräch gleich gespannt. Der Personaler wird stets auf die Kleidung des Bewerbers achten. Es gehört nämlich zu geschätzten Softskills einer Person, stets zu wissen, wie man sich in jeder Situation zu kleiden hat. Die Kleidung im Interview lässt für den Personaler Rückschlüsse zu, wie der Bewerber später im Arbeitsalltag auftreten wird.

Das Outfit rechtzeitig zusammenstellen

Hast du einmal herausgefunden, welcher Dresscode im Unternehmen üblich ist, kannst du dein eigenes Outfit für den Bewerbungstag zusammenstellen. Verzichte dabei auf alle Übertreibungen. Auf klobigen Schmuck, auffälliges Make-up und übermäßig hohe Absätze solltest du als Frau ebenso verzichten, wie auf enganliegende oder zu tief ausgeschnittene Kleidung. Diese Art von Kleidung kann schnell unseriös wirken und führt schnell zu negativen Rückschlüssen über deine Kompetenzen, auch wenn das ungerechtfertigt sein mag.

Ein typisches Oufit für den Herren besteht aus einem Jackett mit einer Anzughose und einem Oberhemd. Wird Krawatte getragen, so kann man auch ein Einstecktuch benutzen. Eine dezente Uhr ist die perfekte Abrundung für das Outfit. Allerdings sollte es sich dabei um eine gute Uhr handeln. Besitzt du nur eine Uhr mit Plastikband, so solltest du sie lieber weglassen. Lederschuhe und ein passender Gürtel runden das Outfit ab. Die Haare sollten gepflegt und aus dem Gesicht getragen werden.

Damen können einen Blazer mit einem Kleid kombinieren oder auch mit einem Rock oder einer Hose mit einer farblich abgestimmten Bluse. Als Schuhe eignen sich schlichte Pumps mit einem kleinen Absatz am besten. Kleine Frauen können einen etwas höheren Absatz bevorzugen, während besonders große Frauen auch Ballerinas tragen können. Entscheidest du dich für Schuhe mit Absatz, so solltest du unbedingt darin gut laufen können. Ist das nicht der Fall, so trägst du besser Ballerinas, auch wenn du von kleiner Statur bist. Trägt man Schmuck, so muss dieser dezent sein. Die Handtasche sollte nicht verspielt, sondern businessmäßig wirken. Bei langem Haar kann man sich für eine Aufsteckfrisur oder einen Zopf entscheiden. Das Haar sollte gut frisiert wirken und aus dem Gesicht getragen werden.

Kleidung vermittelt auch Selbstbewusstsein. Daher solltest du ruhig unterschiedliche Outfits probieren und dich dann für die Kleidung entscheiden, in der du dich selbst am wohlsten fühlst. Auf keinen Fall solltest du Kleidung wählen, die dich an diesem wichtigen Tag verunsichern könnte. Es kommt nämlich nicht nur auf das Outfit an, sondern auch auf die Art, wie du es trägst.

Lege deine Kleidung schon am Vortag zurecht. Achte darauf, dass alle Teile perfekt gebügelt und die Schuhe sauber geputzt sind. Denke auch daran, dass Farben eine eigene Sprache sprechen. Dunkle Kleidung und scharfe Kontraste, wie eine schwarze Jacke mit einem weißen Hemd oder Bluse, lassen dich unnahbar und kühl erscheinen. Warme Farben mit weichen Kontrasten hingegen schaffen einen freundlichen, zugänglichen Eindruck. Entscheide, welchen Eindruck du machen möchtest und wähle deine Kleidung entsprechend. Frauen sollten übrigens auch mit der Farbe Rot vorsichtig sein. Diese kann nämlich auf das Unterbewusstsein aggressiv wirken.

Kleidung für das Bewerbungsgespräch zum Praktikum oder
zur Ausbildung

Wenn du dich als junger Mensch für ein Praktikum oder eine Ausbildung
vorstellst, so sind die Kleidervorschriften legerer. Ein Businessanzug mit
Krawatte, beziehungsweise ein strenger Damenblazer mit Rock und
Bluse können für ein solches Vorstellungsgespräch einfach übertrieben
wirken. Man kann gepflegte Jeans oder auch Chinos tragen, die mit
Hemd oder Bluse kombiniert werden können. Handelt es sich um eine
Lehrstelle oder ein Praktikum in einem sehr konservativen Unternehmen,
wie beispielsweise einer Bank, so kann ein solches Outfit auch mit einem
Blazer ergänzt werden. Dazu passen Lederschuhe. Tennisschuhe sollten
hingegen vermieden werden.

Eine ordentliche Frisur ist unbedingt erforderlich und es ist
empfehlenswert, keine sichtbaren Piercings zu tragen, da diese oft als
unseriös empfunden werden.

Das richtige Verhalten beim Bewerbungsgespräch

Höfliche Umgangsformen gehören zu den Soft Skills, die von jedem
Arbeitgeber geschätzt werden und du solltest stets freundlich sein und
lächeln, schon wenn du das Gebäude betrittst. Selbst wenn sich die
Vorzimmerdame des Personalers als unfreundlich erweist und dir
deutlich zu verstehen gibt, dass du ihre Zeit verschwendest, solltest du
dich nicht entmutigen lassen und auf keinen Fall unfreundlich werden.
Auch das Bewerbungsgespräch läuft vielleicht nicht ganz so ab, wie du
dir das wünschen würdest. Zeige dich trotzdem freundlich und beweise,
dass du auch Kritik einstecken kannst. Du weißt nicht, wie es anderen
Bewerbern bei der Vorstellung ergeht und du hast vielleicht doch noch
eine Chance auf den Job. Verspiele sie also nicht mit einem unhöflichen
Verhalten. Verabschiede dich freundlich und danke für die Zeit.
Zu Beginn des Gesprächs wird dem Bewerber häufig ein Getränk
angeboten. Auch wenn du meinst, vor lauter Aufregung keinen Tropfen

hinunterzubringen, nimm das Getränk trotzdem an. Es bietet dir nämlich zwei Vorteile. Wenn du viel reden musst, kann deine Kehle trocken werden und ein Schluck Wasser oder Kaffee kann eine Wohltat sein. Auch kannst du bei einer komplizierten Frage zunächst einmal an deinem Glas oder der Tasse nippen und so einen winzigen Moment zum Nachdenken gewinnen. Denke jedoch daran, dein Glas nicht zwischen dich und deinen Gesprächspartner zu stellen. Das Glas kann nämlich zur Barriere werden und sollte daher besser seitlich von dir platziert werden.

Körpersprache ist ein wichtiges Element, auf das du während des Vorstellungsgesprächs achten musst. Personaler sind auf diesem Gebiet geschult und erfahren und können aus deiner Körperhaltung vieles lesen, dass du lieber verbergen möchtest. Anspannung und Nervosität werden von deiner Körpersprache weitergegeben und lassen dich weniger überzeugend wirken. Versuche daher, so entspannt wie möglich zu bleiben und eine normale Gestik und Mimik beizubehalten. Während du mit deinem Gegenüber sprichst, solltest du Blickkontakt halten. Wer den Blick konstant abwendet, stellt sich entweder als zu schüchtern dar oder kann auch wie eine Person wirken, die nicht aufrichtig ist. Oft kann die Körperhaltung auch eindeutig abweisend wirken. Das passiert beispielsweise, wenn du die Arme vor dir verschränkst. Ein solches ablehnendes Verhalten möchte man im Bewerbungsgespräch natürlich vermeiden. Vielmehr möchte man Sympathie signalisieren und auch hervorrufen.

Dafür gibt es eine recht einfache Methode, das Spiegeln des Gegenübers. Diese Taktik besteht darin, einzelne Verhaltensweisen des Gegenübers zu wiederholen. Hebt beispielsweise der Personaler das Glas zum Trinken, so führt man auch sein eigenes Glas an den Mund. Lacht der Gesprächspartner, so lachst auch du. Dieses Verhalten erzeugt unbewusst Sympathie. Natürlich darfst du nicht übertreiben. Dein Gegenüber darf nicht den Eindruck erhalten, dass er nachgeäfft wird. Dein Handeln muss also vollkommen natürlich erscheinen.

Für ein angenehmes Gespräch ist es wichtig, dass dein Gesprächspartner dich gut verstehen kann. Du solltest daher langsam und ruhig sprechen und dich auch um eine deutliche Aussprache bemühen. Wer zu schnell spricht, wirkt nervös und gibt dem Personaler auch keine ausreichende Gelegenheit, um all die Information aufzunehmen, die man so sorgfältig zusammengestellt hat. Besonders kritisch ist es, wenn der Personalchef deine Antworten auf seine Fragen nicht versteht und nachfragen muss. Auf diese Weise wird der Gesprächsfluss gestört, was für ein harmonisches Gespräch ungünstig ist und dich unter Umständen noch zusätzlich nervös macht.

Zu deinem Bewerbungsgespräch solltest du ein kleines Notizbuch und einen Stift mitbringen, so dass du dir während des Gespräches einige Notizen machen kannst. Zum einen stellst du damit dein echtes Interesse unter Beweis und kannst andererseits von den Notizen Gebrauch machen, wenn du schließlich deine eigenen Fragen stellen kannst. Die Notizen solltest du aufbewahren. Sie können dir späterhin bei einem anderen Bewerbungsgespräch bei der Vorbereitung helfen und aus möglichen Fehlern kannst du lernen.

Standardfragen gehören zum Repertoire jedes Personalers und sie werden auch in so gut wie jedem Bewerbungsgespräch gestellt. Es macht jedoch einen ungünstigen Eindruck, Standardantworten zu verwenden, wie man sie möglicherweise aus einem Ratgeber auswendig gelernt hat. Denke daran, dass der Personaler diese Fragen schon viele Male gestellt hat und sofort erkennen kann, wenn es sich um eine vorgefertigte Antwort handelt, die er schon von etlichen Bewerbern zu hören bekommen hat. Versuche daher, persönliche, individuelle Antworten zu geben, mit denen du deine Authentizität unter Beweis stellst. Wirst du nach deinen Hobbies gefragt, sage nicht nur, dass du Sport treibst. Führe lieber aus, dass du gerne mit dem Rad fährst und auch einen Yoga Kurs belegt hast. So kann sich der Personaler schnell einen besseren Eindruck von deiner Person machen und findet außerdem eine Überleitung zu Small Talk, mit dem das Gespräch eine angenehme Wendung nehmen kann.

Die Gehaltsverhandlung - Ein heikles Thema beim Vorstellungsgespräch

Ob nun bereits bei den Bewerbungsunterlagen nach den Gehaltsvorstellungen gefragt wurde oder nicht, du solltest in jedem Fall darauf vorbereitet sein, dass diese Frage auch im Bewerbungsgespräch auftauchen wird. Jedoch solltest du das Thema Geld nicht selbst anschneiden. Das Unternehmen sollte zuerst nach deinen Gehaltsvorstellungen Fragen. Manchmal wird nämlich nach einem positiven Bewerbungsgespräch ein weiterer Termin anberaumt, bei dem dann Einzelheiten wie das Gehalt diskutiert werden. Erwähnst du das Thema zu früh, so ist das ein nachteiliger Punkt bei deiner Einschätzung.

Zunächst solltest du versuchen, anhand von Wirtschaftsmagazinen und einschlägigen Internetseiten festzustellen, welches Gehalt für die jeweilige Position dem Marktwert entspricht. Dann solltest du dir überlegen, welches deine Untergrenze ist, um diese Stellung anzunehmen. Während der Verhandlungen ist es dann ratsam, die Wunschvorstellung über dieser Grenze anzusetzen. Dabei solltest du auch in Betracht ziehen, welche Zusatzleistungen von dem Unternehmen zu erwarten sind. Dazu kann beispielsweise ein Firmenwagen gehören, oder auch ein Handy, das privat genutzt werden kann, sowie auch die betriebliche Altersvorsorge oder mögliche Aktienoptionen.

Möchtest du deine Arbeitsstelle wechseln und befindest dich derzeit noch in einem ungekündigten Arbeitsverhältnis, so hast du eine recht starke Ausgangsposition, um ein gutes Gehalt auszuhandeln. Eine Gehaltssteigerung bei einem Wechsel kann durchaus 10 bis 15 Prozent betragen und du kannst deine Wünsche entsprechend äußern. In den meisten Fällen wird deine Gehaltsforderung nicht sofort akzeptiert. Das Unternehmen wird Gegenargumente bringen. Es lohnt sich, schon im Vorfeld zu überlegen, welches diese Gegenargumente sein könnten und zu überlegen, wie du ihnen begegnen kannst. In jedem Fall solltest du ausreichend Selbstsicherheit beweisen, um deine Gehaltsforderungen zu verteidigen.

Der schwerste Punkt bei der Gehaltsverhandlung besteht darin, sich nicht unter Wert zu verkaufen und gleichzeitig zu vermeiden, die Gehaltsforderung zu hoch zu schrauben. Statistiken ergeben, dass die Gehaltsforderung in 60 Prozent der Bewerbungen unter der Summe liegen, die das Unternehmen zum Besetzen der Position budgetiert hatte. Es kann daher eine gute Taktik sein, die Frage nach der Gehaltsvorstellung zunächst ausweichend zu beantworten. Wird man gefragt, was man verdienen möchte, so sind beispielsweise die folgenden Antworten denkbar:

- "Ich wünsche mir ein faires Gehalt, das meiner Erfahrung und meinen Qualifikationen entspricht. Was wären diese für Sie Wert?"
- "Darf ich Sie fragen, welches Gehalt Ihr Unternehmen für diesen Posten angesetzt hat?"

Mit einer solchen Antwort schiebt man den Ball zunächst einmal wieder auf die Seite des Unternehmens zurück und kann auf diese Weise vielleicht ein besseres Gehalt aushandeln. Es ist immer günstig, wenn das Unternehmen den ersten Vorschlag macht. Oftmals wirst du feststellen, dass ihr Angebot großzügiger ist, als du erwartet hattest. Gelingt das jedoch nicht, so ist es ratsam, die Gehaltsforderung eher auf der hohen Seite anzusetzen. Man kann sich am Ende immer noch herunterhandeln lassen. Der Gehaltswunsch sollte immer mit einem oberen und einem unteren Wert angegeben werden. Du solltest also nie sagen: "Ich möchte 40.000 Euro verdienen", sondern vielmehr: "Meine Gehaltsvorstellungen liegen zwischen 38.000 und 42.000 Euro. So wird zu einer Verhandlung eingeladen. Spricht man von Gehalt, so geht es dabei stets um das Brutto Jahresgehalt. Nur bei Gehältern von weniger als 36.000 Euro pro Jahr wird auf der Basis von Monatsgehältern verhandelt.

Erscheint dir ein Angebot des Unternehmens als wesentlich zu niedrig, so solltest du es nicht sofort ablehnen. Es lohnt sich, nachzufragen, ob es noch zusätzliche Sonderleistungen gibt. Auf diese Weise kann das Gehalt nämlich oft noch auf indirekte Weise aufgestockt werden.

Kapitel XII: Was ist Bewerbungscoaching und wie sinnvoll ist es?

Der Prozess der Jobsuche ist komplex und kann auch recht frustrierend sein. Bewerbungsunterlagen zusammenstellen und übermitteln, Absagen erhalten und den ganzen Prozess noch einmal von vorne beginnen kann eine Erfahrung sein, die für den Bewerber schnell zur Qual wird. Darum gibt es heute auch immer mehr Angebote zum Bewerbungscoaching, die versprechen, diese Aufgabe ein wenig einfacher und auch erfolgreicher zu gestalten.

Wer nach Hilfe bei Bewerbungen sucht, kann diese auf verschiedene Weise finden. Ein Bewerbungscoach bietet dir in der Regel Hilfe zur Selbsthilfe an. Er kann dich dazu anleiten, den Ablauf deiner Bewerbung von der Auswahl des besten Stellenangebots bis zum Vorstellungsgespräch auf optimale Weise durchzuführen, so dass du schließlich in der Lage bist, diesen Prozess selbst mit Selbstvertrauen und dem nötigen Wissen selbst auszuführen.

Der Coach ist flexibel und kann sich deinen Notwendigkeiten anpassen. So kann er dich genau dort unterstützen, wo du Hilfe brauchst. Der Schwerpunkt liegt beim Coaching stets darauf, dass die möglichen Schwierigkeiten betrachtet und gemeinsam Lösungen erarbeitet werden.

Doch gibt es in diesem Bereich auch noch etliche andere Dienstleitungen mit unterschiedlichen Begriffen. Dazu gehört beispielsweise der **Bewerbungsberater**. Er erarbeitet nicht gemeinsam mit dir deine Bewerbung, sondern leitet dich konkret dazu an, was du tun sollst, um eine erfolgreiche Bewerbung zu strukturieren. Er bringt sein eigenes Fachwissen ein, um deiner Bewerbung zum Erfolg zu verhelfen.

Du kannst dich auch für einen **Bewerbungstrainer** entscheiden. Er kann dir dabei helfen, dich auf ein Bewerbungsgespräch vorzubereiten. Besonders wichtig kann dieses Training bei den heikleren Themen wie der Gehaltsverhandlung sein. Du kannst die besten Techniken erlernen, um eine solche Verhandlung zu deinen Gunsten zu beeinflussen. Auch kann dir der Coach dabei helfen, dich auf mögliche Fragen im Bewerbungsgespräch vorzubereiten.

Schließlich gibt es noch den **Bewerbungsschreiber.** Dabei handelt es sich um einen Dienstleister, der sich auf das Schreiben von Bewerbungsunterlagen spezialisiert hat und für dich das Anschreiben und den Lebenslauf entwirft.

Besonders Berufseinsteiger können von einem solchen Service profitieren und die nötige Hilfe finden, um sich auf die erste Bewerbung vorzubereiten. Im Lauf der Berufsjahre entwickelt man dann meistens seine eigene Technik, um mit Bewerbungsschreiben und Bewerbungsgesprächen umzugehen. Grundsätzlich kann man davon ausgehen, dass Bewerbungscoaching immer dann sinnvoll ist, wenn man sich selbst dem Prozess einer Bewerbung nicht gewachsen fühlt. In einem solchen Fall lohnt es sich, den nicht immer ganz niedrigen Preis für einen solchen Service zu zahlen, da man die Chancen auf einen neuen Job wesentlich erhöhen kann, obwohl es natürlich niemals Garantien geben kann. Die Entscheidung liegt letztendlich beim Unternehmen und eine Ablehnung ist immer eine Möglichkeit, auch wenn du dich noch so gut vorbereitet hast.

Vorteile vom Bewerbungscoaching

Es gibt einige wesentliche Vorteile, die eine Investition in einen Bewerbungscoach aus machen. Dazu gehören die folgenden Punkte:

1. Wenn du einen professionellen Bewerbungscoach wählst, der sein Handwerk versteht, kannst du deine Chancen auf eine erfolgreiche Bewerbung enorm steigern. Selbst wenn deine Unterlagen bereits gut sind, gibt es immer noch Möglichkeiten, um sie zu optimieren.

2. Wer mit Bewerbungen noch nicht viel Erfahrung hat, stellt sich viele Fragen sowohl bei der Zusammenstellung der Bewerbungsunterlage, als auch bei der Vorbereitung auf das Bewerbungsgespräch. Es ist eine große Hilfe, einen Experten zur Seite zu haben, der solche Fragen beantworten und Zweifel beseitigen kann.

3. Das Bewerbungsgespräch löst in einem gewissen Maße Unbehagen oder sogar Angst aus. Das ist natürlich eine denkbar ungünstige Situation, wenn man eine Verhandlung geschickt führen muss. Das Training mit dem Coach kann diese Ängste nehmen. Man weiß, was man bei einem solchen Gespräch zu erwarten hat und fühlt sich daher auch sicherer. Außerdem lernt man sich beim Coaching oft auch selbst besser kennen. Das kann ebenfalls dazu beitragen, dass man im Bewerbungsgespräch die eigenen Fähigkeiten besser darstellen kann und bestimmte Wünsche im Verlauf der Verhandlung besser begründen kann.

4. Nach einigen erfolglosen Bewerbungen befindet man sich als Bewerber oft in einem Stadium der Selbstzweifel, die den Mut zu einer erneuten Bewerbung nehmen. Durch das Bewerbungscoaching kann das Selbstvertrauen gesteigert werden. Mit dieser ausführlichen Vorbereitung auf eine neue Bewerbung kann man schnell wieder Hoffnung schöpfen und

eine neue Bewerbung zum Erfolg bringen. Die selbstbewusste Haltung ist im Bewerbungsgespräch ein eindeutiges Plus, die durchaus dazu beitragen kann, dass man sich die gewünschte Stellung sichert.

Kapitel XIII: Arbeitszeugnisse - Das solltest du wissen

Als Arbeitnehmer hat man nach einem beendigten Arbeitsverhältnis den Anspruch auf ein Zeugnis, das du dir auch ausstellen lassen solltest, da es dir bei der nächsten Bewerbung hilfreich sein kann. Die Gewerbeordnung sieht dabei vor, dass ein solches Zeugnis sowohl der Wahrheit entsprechend, als auch wohlwollend formuliert sein muss. Offene Kritik ist also nicht erlaubt, auch wenn der Arbeitgeber mit dem Angestellten nicht zufrieden war. Im Laufe der Jahre haben sich daraufhin einige Ausdrucksweisen entwickelt, die zwar auf den ersten Blick positiv klingen, jedoch eine versteckte Kritik beherbergen. Alle Personaler kennen diese Ausdrucksweisen und können so erkennen, ob das Zeugnis in versteckter Weise auf eine Kritik an dem Mitarbeiter ausdrückt. Deshalb gilt es, ein solches Zeugnis genau zu überprüfen, bevor man es bei einer Bewerbung vorlegt, um sich nicht von vornherein die Chancen zu verderben.

Einfaches oder qualifiziertes Zeugnis - Was ist der Unterschied?

Man unterscheidet zwei Arten von Zeugnissen: Das einfache oder qualifizierte Zeugnis. Bei dem **einfachen Zeugnis** werden sachliche Informationen aufgeführt, die sachlich und leicht nachprüfbar sind. Diese Information beinhaltet die Zeit, in der der Angestellte beschäftigt war, sowie die Funktion, die er ausgeführt hat und ob noch zusätzliche Aufgaben übernommen wurden. Ein so formuliertes Zeugnis lässt keine möglicherweise versteckten, negativen Andeutungen zu.

Bei dem **qualifizierten Zeugnis** hingegen werden neben den Fakten auch Bewertungen des Arbeitgebers eingefügt, die Leistung und soziales Verhalten des Mitarbeiters beurteilen.

Aufbau des Arbeitszeugnisses

Das Arbeitszeugnis folgt immer einem bestimmten Aufbau. Nach der Überschrift und den Stammdaten des Arbeitgebers erfolgt zunächst eine generelle Beschreibung der Tätigkeit des Arbeitnehmers im Betrieb. Im nächsten Absatz erfolgt dann die Bewertung des Arbeitgebers in Bezug auf die Leistung und das Sozialverhalten des Mitarbeiters. Auf diesen Absatz sollte man sein besonderes Augenmerk richten, um möglicherweise zweideutig formulierte Sätze zu entdecken, die bei der nächsten Bewerbung zum Verhängnis werden können.

Worauf achten Personaler im Arbeitszeugnis?

Bevor du dich dazu entscheidest, ein bestimmtes Arbeitszeugnis deinen Bewerbungsunterlagen beizufügen, solltest du es zunächst einmal gründlich überprüfen. Dabei ist es wichtig, zu wissen, wie Personaler ein Arbeitszeugnis bewerten und worauf sie zuerst achten.

Zunächst einmal fällt natürlich die Form des Zeugnisses ins Auge. Es sollte auf Firmenpapier gedruckt sein und alle nötige Information in der korrekten Form enthalten. Darüber hinaus muss das Zeugnis ein Datum und eine Unterschrift tragen. Sind die Formalitäten in Ordnung, so wird der Personaler überprüfen, ob die Fähigkeiten, die dem Bewerber im Zeugnis bestätigt werden, auch den Kompetenzen entsprechen, die gesucht werden.

Darüber hinaus ist es auch wichtig, dass Zeiträume und Aufgabenbereich im Zeugnis mit den Angaben übereinstimmen, die der Bewerber im Lebenslauf gemacht hat. Zudem achtet der Personaler auch über eine Entwicklung, die über die letzten drei Zeugnisse beobachtet werden kann. Ist die Wertschätzung, die dem Bewerber ausgedrückt wurde gesunken oder gestiegen? Daraus wird natürlich eine Tendenz für die Entwicklung in der neuen Stelle vermutet. Des Weiteren schaut der

Personaler auch auf Warnsignale, die aus dem Zeugnis hervorgehen. Dabei handelt es sich um die auf den ersten Blick positiven Aussagen, die jedoch in der Geheimsprache der Personaler etwas völlig anderes bedeuten.

Auf welche Ausdrucksformen solltest du im Zeugnis achten?

Will ein Personaler einen neuen Arbeitgeber auf das Zeugnis auf seine unschmeichelhafte Einschätzung des Mitarbeiters aufmerksam machen, so bedient er sich dazu meistens doppeldeutigen Aussagen, die oberflächlich gesehen, einen guten Eindruck machen, jedoch genau das Gegenteil bedeuten. Deshalb solltest du im Absatz der Bewertungen einmal nach solchen Doppeldeutigen suchen und diese auf die negative Weise auslegen. So wird ein Personaler bei deiner Bewerbung das Zeugnis lesen.

Dazu einige Beispiele:

- "Er ist stets gesellig und konnte auf diese Weise zu einem entspannten Betriebsklima beitragen."
  Bedeutet im Klartext: "Er trinkt auch während der Arbeitszeit gerne einmal seinen Schnaps.
- "Er zeigte sich stets bemüht, den gestellten Aufgaben nachzukommen."
  Bedeutet im Klartext: "Über die Bemühungen kam er nie hinaus, er taugt nichts."
- "Sie konnte Aufgaben hervorragend delegieren."
  Bedeutet im Klartext: "Er wälzte seine Arbeit gern auf andere Kollegen ab."
- "Für sein zukünftiges Berufsleben wünschen wir ihm Erfolg und viel Gesundheit."
  Bedeutet im Klartext: "Er ist häufig krank."

- "Seine Pünktlichkeit diente stets als Beispiel für seine Kollegen." Bedeutet im Klartext: "Er war zwar immer pünktlich, aber sonst gibt es nicht viel Gutes zu erwähnen."
- "Er war bei unseren Kunden sehr beliebt." Bedeutet im Klartext: "Er hat keinerlei Talent zum Verhandeln."

Die Codes im Zeugnis können auch mit den Schulnoten verglichen werden und auf eine recht einfache Weise entschlüsselt werden:

- Note Sehr Gut: Immer zu unserer vollsten Zufriedenheit.
- Note Gut: Immer zu unserer vollen Zufriedenheit.
- Note Drei: Zu unserer vollen Zufriedenheit.
- Note Vier: Zu unserer Zufriedenheit.
- Note Fünf: Größten Teils zu unserer Zufriedenheit.
- Note Sechs: Er hat sich immer bemüht.

Natürlich handelt es sich bei den Formulierungen nicht immer um den gleichen Wortlaut, es gibt viele sinngemäße Synonyme, die angewendet werden.

Die Abschlussformel ist ein weiterer wichtiger Punkt. Diese muss nicht verpflichtend in das Zeugnis eingefügt werden. Der Arbeitgeber handelt also durchaus rechtlich korrekt, wenn er die Abschlussformel einfach weglässt. Dies ist jedoch ein Punkt, der den Personaler stets hellhörig werden lässt. Ein Zeugnis ohne Abschlussformel lässt auf einen unzufriedenen Arbeitgeber schließen.

Doch auch wenn die Abschlussformel vorhanden ist, so kann die Formulierung jedoch den Ton des gesamten Zeugnisses erheblich zum Positiven oder zum Negativen wenden. Die Abschlussformel ist das Letzte, was der Personaler im Zeugnis liest und gibt in der Regel den Eindruck an, der dem Personaler im Gedächtnis haften bleibt, wie es aus dem folgenden Beispiel ersichtlich wird:

- "Frau Meyer verlässt unser Unternehmen auf ihren eigenen Wunsch. Ihr Ausscheiden bedauern wir sehr und bedanken uns für ihre stets überdurchschnittlichen und engagierten Leistungen. Beruflich als auch privat wünschen wir Frau Meyer weiterhin viel Erfolg und alles Gute."
- "Frau Meyer verlässt unser Unternehmen in beidseitigem Einverständnis zum 31.12.2019. Wir bedauern dies und danken gleichzeitig für ihre Mitarbeit. Weiterhin wünschen wir viel Erfolg im beruflichen und privaten Bereich."

Obwohl beide Formulierungen nett klingen, so ist schnell ersichtlich, dass die erste Version wesentlich leichter beeindrucken kann, als die zweite. Deshalb ist es notwendig, Zeugnisse genau durchzulesen, bevor man sich dazu entschließt, sie dem Bewerbungsschreiben anzufügen. Du solltest die positivsten Zeugnisse für deine Bewerbung wählen.

Das Arbeitszeugnis selbst schreiben

Heute gibt es viele Arbeitgeber, die sich die Mühe sparen, dem Arbeitnehmer nach Beendigung des Arbeitsverhältnisses ein Zeugnis auszustellen und lassen den Angestellten das Zeugnis selbst schreiben. Solltest du in die Situation kommen, dein Zeugnis selbst schreiben zu können, so achte darauf, dass du die Kompetenzen, die du in deinem Job zum Einsatz gebracht hast, klar erkenntlich dargestellt werden. Lobe dabei auch deine Softskills, Personaler legen darauf viel Wert. Natürlich solltest du es vermeiden, selbst unbewusst zweideutige Formulierungen zu benutzen, wie wir sie oben erwähnt haben, um dich nicht selbst aus Versehen zu sabotieren. Finde eine nette Anschlussformulierung, oder bitte den Arbeitgeber eine Abschlussformulierung unter das von dir geschriebene Zeugnis zu setzen. Natürlich muss das Zeugnis datiert und vom Arbeitgeber unterschrieben und abgestempelt werden, um Gültigkeit zu haben.

Kapitel XIV: Musterbewerbungen - Wie gut sind sie?

Nicht alle Tage sieht man sich in der Lage, eine Bewerbung erstellen zu müssen. Dementsprechend unsicher fühlen sich die meisten von uns auch, wenn es darum geht, ein gutes Anschreiben und einen ebensolchen Lebenslauf zusammenzustellen. Auf der Suche nach Hilfe und Anregung landet man früh bei Google, wo man viele Muster zum Herunterladen finden kann. Natürlich ist es verlockend, eine solche Musterbewerbung zu benutzen. Die Formulierungen hören sich gut an und du hast das Gefühl eine ansprechende Bewerbung auszusenden. Dabei rechnet man jedoch nicht damit, dass unzählige andere Bewerber die gleiche Idee haben. Somit landen auf den Schreibtischen der Personaler immer wieder Bewerbungen, die sich in ihren Formulierungen gleichen, so dass unwillkürlich ersichtlich wird, dass sie von kostenlosen Mustern im Internet stammen.

Zwar brauchst du bei einer solchen Vorlage nur ein paar Kleinigkeiten zu verändern und auszufüllen, doch erzielst du damit keine originelle Bewerbung.

Warum du keine Musterbewerbung benutzen solltest

So verlockend es auch sein mag, ein Muster für die Bewerbung herunterzuladen, so sollte dennoch davon abgeraten werden, da eine solche Bewerbung deine Aussichten schmälert. Dafür gibt es verschiedene Gründe:

1. Personaler kennen die Muster und deren Quellen und können sofort erkennen, dass du sie abgeschrieben hast.
2. Nicht bei allen Quellen erhältst du auch wirklich gute Vorlagen.

3. Die vorformulierten Sätze im Anschreiben nehmen keinen direkten Bezug auf die Stelle oder den Beruf für den du dich bewirbst.
4. Mit dem Einsatz der Vorlagen ist es unmöglich, ein Schreiben zu gestalten, das originell und authentisch wirkt.
5. Der Arbeitgeber schließt daraus, dass du dir als Bewerber nicht die Mühe gemacht hast, um einen eigenen Brief zu schreiben, oder vielleicht gar nicht dazu in der Lage bist.

Bei den meisten Stellen ist ein geschliffener, eleganter Schreibstil gar nicht notwendig. Deshalb brauchst du dir auch keine Sorgen zu machen, wenn dein Anschreiben in einfachen, klaren Worten formuliert ist. Es ist oft viel wichtiger, wenn es dir gelingt, mit dem Anschreiben deine Persönlichkeit darzustellen, als mit stilisierten Formulierungen beeindrucken zu wollen. Deshalb solltest du dein Bewerbungsschreiben stets selbst verfassen und individuell, persönlich und auf den jeweiligen Job bezogen gestalten.

Schlusswort

Eine Bewerbung ist stets ein aufwendiger Prozess, der viel Zeit und Geduld erfordert. Du solltest dir von vornherein darüber im Klaren sein, dass der Erfolg deiner Bewerbung in großem Maße von dem ersten Eindruck abhängt, den dein zukünftiger Arbeitgeber von dir erhält. Dieser erste Eindruck entsteht durch die Bewerbungsunterlagen, die du einreichst. Deshalb lohnt es sich, besondere Mühe auf die Ausarbeitung von Anschreiben und Lebenslauf zu verwenden und auch die Zeugnisse, die angefügt werden, sorgsam zu wählen. Sie sollten positiv sein und Kompetenzen bescheinigen, die in dem neuen Job gefragt sind.

Entschließt du dich dazu, den Unterlagen ein Bewerbungsfoto beizulegen, so sollte auch dieses optimale Qualität aufweisen und für den Zweck geeignet sein.

Ebenso wichtig ist eine gute Vorbereitung auf das Bewerbungsgespräch, zu dem du eingeladen wirst, wenn deine Bewerbungsunterlagen auf Interesse gestoßen sind.

Ob du dich nun für eine Ausbildung oder eine Top Position im Management bewirbst, die Vorgangsweise ist immer sehr ähnlich und eine sorgfältige Vorbereitung ist immer die beste Garantie für einen Erfolg bei der Bewerbung.

Rechtliches

Impressum

Clara Maria Constantine wird vertreten durch:

Matthias Hagg, Diplom-Kaufmann (FH), B.A. (Europäische Betriebswirtschaftslehre)
Barcastraße 6
19055 Schwerin
Deutschland

Coverbilder
Deklofenak | depositphotos.com